Anita Schorn,

1934 in Köln geboren, gab zahlreichen heimatlosen Tieren – vom Hund bis zum Goldhamster – ein neues Zuhause. Die Erlebnisse mit ihnen regten sie zu ihren Büchern an.
Die Autorin hält gerne und häufig Lesungen.

Anita Schorn

Kasimir –
kleiner Igel, werde groß

ENSSLIN & LAIBLIN VERLAG REUTLINGEN

Die Deutsche Bibliothek – CIP Einheitsaufnahme

Schorn, Anita: Kasimir – kleiner Igel, werde groß /
Anita Schorn. - Reutlingen :
Ensslin und Laiblin, 2000
ISBN 3-7709-3001-0

Umschlaggestaltung: **Regina Vetter**
Umschlag- und Innenillustration: **Reinhold Prandl**

ISBN 3-7709-3001-0

Richtig verstandene Tierliebe – das bedeutet nicht nur, einen Spielkameraden zum Kuscheln und zum Streicheln zu besitzen.

Wer ein Tier lieb hat, trägt die Verantwortung für ein Lebewesen mit eigenen Bedürfnissen.

Ein Tierfreund muss Ausdauer haben, denn der kleine oder große Schützling braucht diese Zuwendung jeden Tag.

Wer mit Tieren umgeht, wird auch ein Gespür für Menschen bekommen. Er lernt, ihre Eigenarten zu begreifen und anderen Lebewesen mit Verständnis und Hochachtung zu begegnen. So entstehen Freude und Freundschaft anstatt Hass und Gewalt. Die Geschichte von Kasimir und den Menschenkindern ist dafür ein Beispiel.

Werner Döhring,
Vorsitzender Wildtierpflege und -schutz e. V.,
Kreis Neuss, Sitz Dormagen

Ein fremdes Mädchen

Alexander bückte sich und hob rasch einen Tannen-
zapfen auf. Doch das Ziel des Wurfgeschosses, eine
Feldmaus, verschwand blitzschnell im dichten Gras
des Wegrandes. Na ja, gut so! Eigentlich wollte er
der Maus nichts zuleide tun. Getroffen hätte er sie
sowieso nicht.
Mit mürrischer Miene warf er den Zapfen weg. Keiner seiner Freunde hatte Zeit für ihn. Jens war zum
Judo-Training gefahren. Bei Manuel hatte auf sein
Klingeln niemand geöffnet. Nina brütete noch über
ihren Hausaufgaben.
Alexander hockte sich auf das Gatter eines Weide-
zaunes und sah hinüber zu dem kleinen Ort Mühlbach. Sein Elternhaus schimmerte weiß durch die
Bäume. Im Augenblick war niemand zu sehen.

Auf dieser Seite des Dorfes sah man weit und breit
Äcker. Die Ernte war schon eingefahren. Zu riesi-
gen Ballen aufgerollt lag das Stroh auf den Stoppel-
feldern. Der kleine Fluss, die Erft, war ganz nah,
aber von hier aus nicht zu sehen.

Das Gatter federte knirschend, als Alexander he-
runtersprang. Er hatte sich entschlossen seinen
Bumerang zu holen und auf dem Stoppelfeld das
Werfen zu üben.

Der grellrote, aus leichtem Holz geformte Bumerang zog einen eleganten Bogen und landete nahe
vor Alexanders Füßen. Zufrieden über den saube-
ren ersten Flug versuchte er es noch viele Male.
Aber nicht immer kehrte das Wurfholz so genau
zurück und Alexander musste oft zwischen Stop-
peln, Gräsern und Büschen danach suchen.

Ein sanfter Wind kam auf. Alexander holte mit
Schwung zum nächsten Wurf aus. Doch der Wind
veränderte die Flugbahn und der Bumerang verschwand hinter einem Gebüsch am Feldweg.

Ein erschrockener Aufschrei ertönte. Alexander sah
erstaunt hinüber. Zwischen den Zweigen erschien
ein schwarzer Lockenkopf und dunkle Augen starr-
ten ihn an.

»Was ist los?«, schrie er. »Habe ich dich getrof-

fen?« Doch das Mädchen rieb sich nur wortlos die
Stirn und rannte mit wehendem Rock davon.
Alexander zuckte die Schultern. Das leichte Holz
konnte kaum jemanden verletzen. Das Mädchen
hatte sicher nur einen Schreck bekommen. Tauchte
sie plötzlich aus der Pampa auf! Ob sie ihn die

ganze Zeit beobachtet hatte? Sie musste fremd hier sein. Begegnet war er ihr bisher jedenfalls nicht. Er schlenderte zu dem Gebüsch, fand seinen Bumerang und wog ihn prüfend in der Hand. Nein, bestimmt hatte er ihr damit nicht wehgetan.

Emina lief so schnell sie konnte. Ihre Hand umklammerte einen Strauß aus Wiesenblumen und Gräsern. Um das Dorf schlug sie einen Bogen. Als es hinter ihr lag, verlangsamte sie das Tempo. Bald sah sie die hohen Dächer der Wohnsiedlung. Sie überquerte die Straße und nach einem kurzen Spurt erreichte sie das Wohnheim. Das große Tor war weit geöffnet. Drei Männer standen im Eingang und unterhielten sich in einer Sprache, die Emina nicht verstand.

Gepflasterte Wege, eingefasst von kümmerlichen Grasstreifen, führten zu mehreren Gebäuden. In einem Winkel war ein Spielplatz mit Turngeräten und einem Sandkasten angelegt. Spielende Kinder liefen ausgelassen und lachend umher. Emina kannte viele von ihnen, doch in den vier Wochen, seit sie hier war, hatte sie noch keine Freundschaften geschlossen.

Sie ging auf das erste Gebäude zu. Bevor sie die zerkratzte Haustür aufstieß, warf sie einen sehn-

süchtigen Blick auf die grünen Baumwipfel in der Ferne. Ihr war, als würden sie ihr zuwinken.

Sie huschte die breite, steinerne Treppe zum ersten Stock hinauf. Den muffigen Geruch nahm sie kaum noch wahr. Der lange Flur mit den vielen Türen lag im Halbdunkel.

Ihrer Familie war ein geräumiges Zimmer zugeteilt, in dem sie wohnten, schliefen und kochten.

Emina trat ein und warf dem Vater einen forschenden Blick zu. Er war in ein Schriftstück vertieft und nahm sie gar nicht wahr. Die »zweite Frau« lag auf ihrem Bett und ruhte sich aus. Emina ging zu ihr hinüber und hielt ihr den Wiesenblumenstrauß hin. Über das blasse Gesicht der jungen Frau huschte ein Lächeln. »Stell ihn in das leere Marmeladenglas«, sagte sie leise.

Nachdem Eminas Mutter gestorben war, hatte der Vater bald wieder geheiratet. Das war erst ein gutes Jahr her. Emina verstand sich gut mit Mereme, die nur acht Jahre älter war als sie selbst. Doch Mereme war für sie immer nur Vaters »zweite Frau«, niemals eine zweite Mutter. Eminas Familie hatte ihre Heimat Albanien verlassen müssen. Sie waren zu einer ungewissen, beschwerlichen Reise in ein fremdes Land aufgebrochen. Erst wenige Tage vor

der Abfahrt hatte Emina etwas davon erfahren. Drei Wochen nach ihrer Ankunft in Deutschland war dann Eminas Bruder zur Welt gekommen.

»Du kannst Liridon wickeln«, sagte Mereme matt. »Ich fühle mich nicht wohl.«

Emina betrachtete entzückt das winzige Gesicht des Babys, das aus dem üppig herumgeschlungenen Tuch hervorschaute. Sie hob das Bündel vorsichtig aus dem alten Kinderwagen und legte es neben Mereme auf das Bett.

Zwei Tage später konnte Emina sich wieder zu einem ihrer Erkundungsgänge davonstehlen. Es war ein frischer, sonniger Herbsttag. In wenigen Minuten erreichte sie Mühlbach. Aus einem Haus stürzte mit wütendem Kläffen ein kleiner, schwarzer, wuscheliger Hund auf sie zu. Emina blieb ruhig stehen. Sie hatte keine Angst vor ihm.

Eine Frau rief mit strenger Stimme den Hund zurück. Er verharrte kurz vor Emina, reckte den Hals und schnupperte argwöhnisch an ihrem Bein. Sie ging in die Hocke und redete ihm leise zu. Lächelnd nahm sie wahr, wie sein Stummelschwanz zu wedeln begann.

Als Emina in die nächste Straße einbog, dröhnten ihr johlende und anfeuernde Kinderstimmen ent-

gegen. Einige Jungen und zwei Mädchen spielten
Fußball, und Emina erkannte den Jungen wieder,
der sie vor kurzem mit seinem Bumerang getroffen
hatte. Sie wollte rasch an den Kindern vorbeilaufen,
doch der Ball rollte genau vor ihre Füße. Sie schoss
ihn mit Schwung zurück und rannte weiter.
Alexander schaute ihr hinterher. Das war doch das
fremde Mädchen, dem sein Bumerang an den Kopf
geflogen war! Aber gleich darauf hatte er es über
dem Fußballspiel vergessen.
Emina lief über ein riesiges Stoppelfeld auf den
Fluss zu. Sie liebte den Wind und die Weite, die ihr
nach der Enge im Wohnheim ein Gefühl der Frei-
heit gab.
Mit ausgebreiteten Armen stellte sie sich in den
Wind, der an ihrem Haar und ihrer Kleidung zerrte,
und schaute glücklich über die Felder ringsum.
Am Fluss angekommen durchstreifte sie das Ufer-
gebüsch. Am gegenüberliegenden Ufer sonnten
sich zwei Biberratten in der Herbstsonne. Eine dritte nagte an einem grünen Zweig. Deutlich sah Emina die großen Nagezähne. Interessiert beobachtete
sie die ihr unbekannten, fast katzengroßen Tiere.
Ihr pelziges Fell glänzte in der Sonne. Ob sie
gefährlich waren? Doch Tiere, die Blätter fraßen,

konnten wohl nicht gefährlich sein, überlegte sie. Beim Weitergehen stieß sie auf einen schmalen Trampelpfad, dem sie neugierig folgte. Er endete vor einem Dickicht. Emina bog die Zweige auseinander und kroch in das Gebüsch hinein. Zum Fluss hin gab es den Blick frei.

Zufrieden streckte sie ihre Beine aus. Das war ein Plätzchen nach ihrem Geschmack.

Versonnen schaute sie in das langsam fließende Wasser der Erft. Sie warf kleine Holzstückchen hinein und sah ihnen nach, bis sie trudelnd vor ihren Augen verschwanden.

Als sie aufblickte, zeigten ihr die schräg einfallenden Sonnenstrahlen, dass es schon spät sein musste. Hastig sprang sie auf und machte sich auf den Weg zurück zum Wohnheim.

Einige Tage später hatten sich Alexander und seine Freunde wieder zum Fußballspielen getroffen und legten gerade eine kleine Pause ein.

»Oh, seht mal!« Alexander deutete mit dem Kinn in Richtung einiger Spaziergänger.

»Was ist denn da Besonderes?«, fragte Manuel gelangweilt.

»Das Mädchen mit dem roten Rock!«

14

»Na und?«, meinte Jens.

»Komisch«, sagte Alexander, »das Mädchen huscht seit einiger Zeit hier herum, taucht plötzlich auf und verschwindet gleich wieder.«

Manuel überlegte. »Vielleicht ist sie zu Besuch hier in Mühlbach.«

Alexander sprang von der Mauer herunter. »Los, wir schleichen ihr nach!«

»Wenn du meinst.« Jens war wenig begeistert.

»Okay, also los«, schloss sich Manuel an, »sie läuft zum Fluss.«

Sie ließen dem Mädchen einen Vorsprung.

»Passt auf, dass sie euch nicht sieht, wir müssen jetzt über ein freies Stück.« Alexander robbte auf Ellenbogen und Knien los. Seine Freunde folgten ihm. Die Sache begann ihnen Spaß zu machen.

Emina schaute nicht zurück. Sie lief zielstrebig auf ihr kürzlich entdecktes Versteck am Fluss zu und kroch zufrieden hinein.

Alexander und seine Freunde hatten das lang gestreckte Gebüsch am Flussufer erreicht. Doch das Mädchen war plötzlich verschwunden. Die Jungen sahen sich ratlos an.

»Wie vom Erdboden verschluckt!«, sagte Jens.

»Entweder ist sie ins Wasser gegangen oder …«

Alexander unterbrach sich. »Seht mal, die Zweige dort bewegen sich.«

Sie pirschten sich leise an das Gebüsch heran. Alexander hob die Hand.

Durch die Zweige leuchtete der rote Rock des Mädchens. Neugierig drückten die Jungen das Dickicht zur Seite.

»Was machst du denn hier?«, fragte Manuel.

Emina sprang erschrocken auf.

»Wo kommst du her und was tust du hier?«, wiederholte Alexander.

Emina blickte wortlos zu Boden.

»Warum sagst du denn nichts?«, fragte Jens.

Alexander hatte eine Idee. Er berührte sie leicht am Arm. »Verstehst du kein Deutsch?«

Sie machte sich los. »Deutsch«, wiederholte sie und schüttelte den Kopf. Dann huschte sie davon.

»Ach, eine Ausländerin!«, sagte Jens gedehnt.

»Vielleicht kommt sie aus dem Wohnheim in Kleinkirchen«, vermutete Alexander.

Ein toller Fund

Emina machte eine Zeit lang einen großen Bogen
um das Dorf und hielt sich auch von ihrem geheimen Platz am Wasser fern. Sie wollte diesen Jungen
nicht mehr begegnen.

An einem sonnigen Nachmittag im Oktober durchstreifte sie den Wald. Sie summte vor sich hin.
Plötzlich stolperte sie über eine Baumwurzel und
fiel auf die Knie.

Erschrocken schaute sie auf ihre Jeans, die sie erst
gestern bei der Kleiderverteilung im Wohnheim er-
gattert hatte. Nur ein Schmutzfleck war zu sehen.
Doch die Sohle des rechten Schuhs hatte sich gelöst
und klaffte wie ein Tiermaul auf.

Schöne Bescherung! So konnte sie nicht weitergehen. Sie zog beide Schuhe aus, knotete die
Schnürsenkel zusammen und hängte sie sich über
die Schultern. Barfußlaufen machte ihr auch in dieser Jahreszeit nichts aus.

Der Feldweg, dem sie nun folgte, führte an der Erft
entlang. An dieser Stelle säumte flaches Gras den
Fluss. Emina hockte sich nieder und schaute in das
langsam fließende Wasser, wie sie es gerne tat.

Hinter ihr raschelte etwas im Gras. Sie wandte den

Kopf und ließ ihren Blick wandern. Erstaunt riss sie
die Augen auf.

Nicht weit entfernt bewegte sich ein Tier. Braun-
weiß-graue Stacheln umhüllten den winzigen Körper. Ein Igel!

In ihrer Heimat hatte sie hin und wieder einen Igel
von weitem beobachtet, wie er auf dünnen, krummen Beinchen mühsam über herabgefallene Äste
trippelte und mit seinem spitzen, feucht glänzenden
Näschen im Waldboden herumwühlte.

Der kleine Kerl war offensichtlich auf der Suche
nach Nahrung. Er sah sehr schwächlich aus.

Emina reckte sich vorsichtig, um das Igelkind nicht
zu erschrecken. Erfolglos suchte sie die nahe Umgebung nach der Igelmutter ab. Wie konnte sie nur
ihr Junges allein lassen? Doch vielleicht lebte sie
nicht mehr.

Voller Mitleid sah sie, wie der kleine verlassene
Igel sich ermattet in eine von der Herbstsonne be-
schienene Mulde legte. Eine langbeinige Spinne
stakste geradewegs vor seiner Nase vorbei. Schnell
schnappte er zu und verspeiste schmatzend den kar-
gen Happen. Emina lächelte – besser als nichts.

Der Mini-Igel rappelte sich wieder auf und kratzte
sich mit einer Hinterpfote am Kopf, als müsste er

nachdenken. Dann trottete er weiter, genau auf Emina zu. Sie hielt den Atem an und wagte sich nicht zu bewegen. Vor einem ihrer abgelegten Schuhe blieb er stehen. Mit gespreizten Nackenstacheln beschnüffelte er das Schuhleder und versuchte an der Sohle zu kauen. Doch schnell merkte er, dass sein leerer Bauch damit nicht zu füllen war. Emina konnte nicht länger widerstehen und streckte die Hand nach dem Tierchen aus.

Aber die flinken Knopfaugen hatten die Bewegung gesehen. Blitzschnell verwandelte sich der Winzling in eine stachelige Kugel. Erschrocken zog Emina ihre Hand zurück. Die Stacheln piksten wie feine Nadeln! Da hockte nun die kleine Kugel vor ihrem Fuß.

Lange konnte Emina so nicht sitzen bleiben. Bei dem Igelkind siegte jedoch bereits die Neugier über die Vorsicht. Die feuchte Nase erschien. Der Körper entspannte sich und die Stacheln legten sich wieder flach zurück. Als der Igel Anstalten machte unter Eminas Jacke zu wandern, versuchte sie es noch einmal. Sanft schob sie die Hand unter den dünn behaarten, weichen Bauch und hob den Igel hoch. Diesmal sah er wohl keine Gefahr und blieb ruhig sitzen. Die Wärme und der Geruch der Hand gefie-

len ihm offensichtlich. Nur die dunklen Igel-
augen schauten noch etwas misstrauisch unter den
gespreizten Stirnstacheln hervor.

Plötzlich entdeckte er Eminas kleinen Finger. Ein
Leckerbissen?

Gierig schnappte er danach. Emina biss die Zähne
zusammen. Beinahe hätte sie das Igelkind fallen
lassen. Doch sie hielt tapfer aus.

Nachdem der kleine Igel enttäuscht festgestellt hatte, dass dieses »Ding« nicht essbar war, zog er seine
Schnauze zurück und machte es sich in Eminas
Händen bequem. Behaglich legte er die Nase auf
ihren Zeigefinger.

Emina erhob sich. Vorsichtig, um ihn nicht zu erschrecken, griff sie nach ihren Schuhen. Was sollte
sie nun mit dem Winzling anfangen?

Langsam ging sie weiter, bis sie mit einem Mal
Stimmen hörte. Drei Jungen und ein Mädchen kamen ihr auf dem schmalen Weg entgegen. Emina
zögerte: Das waren doch die Jungen, die sie an
ihrem geheimen Platz aufgestöbert hatten.

Die Kinder waren stehen geblieben und steckten
tuschelnd ihre Köpfe zusammen.

»Da ist das fremde Mädchen wieder, von dem wir
dir erzählt haben«, sagte Alexander zu Nina.

»Sieht ganz nett aus«, meinte Nina.

»Nur komisch, dass sie immer allein hier herumstromert«, wunderte sich Jens.

»Vielleicht hat sie keine Freunde.«

Emina war inzwischen näher gekommen. Ohne dass es ihnen bewusst war, blockierten ihr die Kinder den Weg.

»Oh«, rief Nina erstaunt, »was hast du denn da?«

Emina lächelte nur scheu.

»Ein kleiner Igel!«, riefen alle wie aus einem Munde. »Wie niedlich!«

»Woher hast du ihn?«

Die Freude über das Stacheltier wischte alle Fremdheit zwischen den Kindern hinweg.

Emina genoss den freundlich klingenden Wortschwall wie eine warme Dusche. Ihre dunklen Augen blickten von einem zum andern.

»Schade, dass sie uns nicht versteht«, sagte Alexander, »was mag sie mit dem Igel vorhaben?«

»Das wirst du wohl nicht aus ihr herauskriegen«, bemerkte Jens.

Manuel beugte sich zu dem Tier. »Der überlebt den Winter nicht«, verkündete er fachmännisch.

»Wie meinst du das?«, fragte Nina besorgt.

»Mein Onkel Markus hat auch mal so einen

schwächlichen Igel gefunden. Der wog gerade mal 160 Gramm und musste erst richtig aufgepäppelt werden. Dieser hier sieht genauso kümmerlich aus. So übersteht er den Winterschlaf nicht. Das ist ein Igel aus einem Zweitwurf.«

»Was heißt das?«, erkundigte sich Nina.

»Viele Igel bekommen zweimal im Jahr Junge, einmal im Frühjahr und dann noch einmal im Herbst. Die Jungen aus dem Zweitwurf haben es sehr schwer. Sie müssen sich vor dem Winter ordentlich Speck anfressen. Viele schaffen das nicht mehr und überleben den Winter nicht.«

»Hoho«, lachte Jens, »hört euch den Professor an!«

Nina legte ihre Stirn in Falten. »Ob das Mädchen das weiß?« Sie tippte zart auf das Stachelkleid des winzigen Tiers, schaute Emina an und sagte: »Igel! Igel!«

Zaghaft wiederholte Emina: »Igel-Igel?«

Nina nickte freudestrahlend.

Jens musterte Emina von oben bis unten. »Nehmt ihr doch den Igel ab. Sie kann bestimmt nichts damit anfangen, da, wo sie herkommt.«

Nina fuhr herum. »Was fällt dir ein! Wir können doch dem Mädchen nicht einfach den Igel wegnehmen, nur weil wir in der Überzahl sind.«

Einen Augenblick herrschte betretenes Schweigen. Dann hatte Alexander eine Idee. »Wir haben zu Hause einen großen Keller. Ich frage meine Eltern, ob wir den Igel dort unterbringen können. Vielleicht ist das Mädchen damit einverstanden.«

»Oh, das wäre schön!« Nina freute sich.

»Komisch«, motzte Jens, »so was Ähnliches habe ich auch gerade vorgeschlagen, aber da hatte Madam was dagegen.«

»Das hörte sich bei dir aber ganz anders an«, fauchte Nina zurück.

Emina schaute verständnislos zwischen den Kindern hin und her. Was war los?

Der Igel begann zart an einer ihrer Fingerkuppen zu knabbern. Emina trat einen Schritt vor. Sie konnte hier nicht Wurzeln schlagen. Außerdem musste sie in Ruhe überlegen, was sie mit dem kleinen Tier machen sollte.

Alexander hielt sie mit freundlicher Miene am Arm zurück. Emina schaute ihn an, sagte »Igel-Igel«, rieb mit der freien Hand ihren Magen und führte sie dann zum Mund. Er hat Hunger, wollte sie Alexander klarmachen.

»Kommt, wir suchen einen Wurm oder eine Nacktschnecke. Das mögen Igel«, schlug Manuel vor.

Nina machte Emina ein Zeichen, dass sie nicht weggehen sollte. Verwundert sah diese den Kindern hinterher, die geschäftig in verschiedene Richtungen davonliefen.

Nina bohrte mit einem Stock in der Uferböschung herum. »Ich habe einen Regenwurm gefunden«, verkündete sie nach kurzer Zeit.

»Zeig her!«, riefen die Jungen.

Auf ihrem Handteller trug sie den sich windenden Wurm. Sie packte ihn mit zwei Fingern und reichte ihn Emina. Das Mädchen strahlte, kniete nieder und wollte den Igel auf den Boden setzen. Doch er verlor das Gleichgewicht, kugelte von ihrer Hand und blieb auf dem Rücken liegen.

»Oh!« Die Kinder zuckten zusammen.

Als er mit seinen Beinchen zu zappeln begann, stupste ihn Emina mit dem Finger an und half ihm wieder auf die Beine. Schnaufend vor Anstrengung sträubte er seine Nackenstacheln und guckte misstrauisch umher. Nina legte ihm ihre Beute vor die Nase. Und schon war der Wurm im Maul des Igels. Zufrieden sahen die fünf Kinder zu, wie er den Leckerbissen behaglich schmatzend verspeiste. Er ließ sich von Emina wieder hochheben und krabbelte in ihre Armbeuge.

»Das hat geschmeckt, was, Kleiner?« Alexander
freute sich.

»Und wie soll es nun weitergehen?«, wollte Jens
endlich wissen.

Nina stellte sich vor das Mädchen, tippte sich mit
dem Zeigefinger auf die Brust und sagte langsam:
»Ich Ni-na.«

»Ah – Ichnina«, wiederholte Emina.

»Sie meint, Ichnina sei dein Name.« Jens prustete.
Die Kinder lachten.

Nina schüttelte den Kopf und betonte, nochmals auf sich deutend: »Nina!«

Jetzt begriff das Mädchen. Sie zeigte auf sich und sagte lächelnd »Emina«.

»Emina«, sprach Nina nach und wies nacheinander auf ihre Freunde: »Alexander, Manuel, Jens.«

Emina machte eine drollige, hilflose Miene und zuckte mit den Schultern.

»Na«, meinte Alexander, »das war wohl etwas zu viel auf einmal.«

Emina nahm das Stacheltier in beide Hände, hielt es Nina mit scheuem Lächeln hin und sagte: »Nina – Igel-Igel?«

Nina schaute überrascht von Emina zu dem Tier und wieder zurück.

»Prima, sie will ihn dir geben!«, rief Alexander.

Nina schob ihre Hände unter den Igel. Er begann ein wenig zu zappeln. Seine schwarze Nase untersuchte den neuen Geruch. Dann kletterte er behände an ihr hoch und machte es sich auf ihrer Schulter unter den langen Haaren bequem. Nina stand steif wie ein Denkmal.

»Los, kommt«, drängte Manuel, »wir gehen jetzt zu Alexander nach Hause!«

Alexander wandte sich an Emina: »Komm doch mit

26

uns.« Er winkte mit der Hand, machte Zeichen zum Igel hin und deutete in die Ferne.

Emina sah von einem zum anderen: Sollte sie mitkommen? Sie machte große Augen.

Gerne würde sie sich mit den Kindern anfreunden. Nina, der dunkelhaarige Junge und der mit den krausen, blonden Haaren schienen nett zu sein. Doch der dritte Junge sah sie unfreundlich an. Er lehnte sie ab, das spürte sie.

Jens murrte: »Was sollen wir mit der? Ich mag sie nicht. Außerdem versteht sie nichts. Vielleicht spioniert sie herum, wenn sie in euer Haus kommt.«

»Quatsch! Du hast wohl einen Vogel!« Alexander tippte sich an die Stirn. »Wenn sie will, kann sie gern mitkommen.«

»Jens, was ist los mit dir?«, fragte Nina.

Jens scharrte verlegen mit dem Fuß im Sand. »Ich meine ja nur.«

Nina zog Emina am Jackenärmel. Langsam setzten sich die Kinder in Bewegung.

Den kleinen Igel kümmerte das alles nicht. Im Augenblick fühlte er sich sehr wohl. Er hatte es weich und warm und der Duft seines neuen Sitzplatzes gefiel ihm gut.

Nina setzte vorsichtig einen Fuß vor den anderen.

Sie hielt sich sehr aufrecht, um den kleinen Gast auf ihrer Schulter nicht zu gefährden.

Emina blieb immer einen Schritt hinter den anderen. Doch Alexander sah sich hin und wieder nach ihr um und lächelte ihr aufmunternd zu. Bald erreichten sie Mühlbach.

Vor Alexanders Elternhaus versuchte Nina den Igel hervorzuholen. Furchtsam wich er zurück. Dabei verhakten sich seine Stacheln in ihren Haaren. Jens wollte Nina helfen. Aber das Igelkind schnaufte ängstlich und stellte seine Nackenstacheln auf.

Emina trat hinzu und fuhr sanft mit dem Finger über den Igelkörper. Das neugierige Kerlchen wurde abgelenkt und legte seine Stacheln wieder an. Doch ehe Emina sich versah, hatte er sie herzhaft in die Fingerkuppe gebissen. Sie quiekte auf und besah sich die nadelfeinen Abdrücke in der Haut. Dann winkte sie ab. »Nicht so schlimm«, bedeutete das.

»Was bist du für ein Frechdachs!«, schimpfte Nina.

»Das war nicht böse von ihm gemeint, sondern nur ein Kontaktbiss«, erläuterte Manuel. »Mein Onkel hat gesagt, so untersuchen Igel alle Gegenstände.«

Lachend warnte Jens: »Pass bloß auf dein Ohrläppchen und deine Nasenspitze auf, Nina.«

Aus den Augenwinkeln sah Emina zu ihm hinüber.

Wenn dieser Junge lachte, sah er ganz anders aus,
als wenn er sie mit abschätzigem Blick musterte.
Sie hob den Igel von Ninas Schulter und legte ihn
ihr in die Hände.

Ein neues Zuhause

Vom Fenster aus sah Frau Geling die Kinder kom-
men. Alexander wedelte mit den Armen.
Sie trat aus der Haustür. Ihr Sohn strahlte sie an.
»Mama, wir haben etwas ganz Tolles gefunden, das
heißt, dieses Mädchen hier.«
Frau Gelings Blick blieb an der barfüßigen Emina
hängen. »Wie soll ich denn das verstehen? Ihr habt
dieses Mädchen gefunden?«
»Nein!« – »Doch!« – »Den Igel!«, riefen die Kinder durcheinander.
Nina trat vor und sagte: »Schauen Sie sich mal den
niedlichen kleinen Igel an!«
Da brach das Stimmengeschwirr schon wieder los.
»Sie heißt Emina und ist Ausländerin.« – »Sie hat
den Igel gefunden.« – »Sie gab ihn mir.« – »Nein,
uns!« – »Sie versteht aber kein Deutsch.«
»Halt!«, rief Frau Geling. »Der Reihe nach!«

Alexander schob Nina zur Seite. »Emina hat das Igelkind gefunden und es Nina gegeben. Wir möchten es aufpäppeln. Manuel sagt, weil es so klein ist, würde es den Winter nicht überstehen.«

»Ja«, bestätigte Manuel. »Ich weiß das von meinem Onkel. Der hat mal mehrere Igel durch den Winter gebracht. Man darf einen Igel aber nur aufnehmen, wenn er krank ist oder im Herbst so wenig wiegt, dass er den Winter allein nicht überleben würde.«

»Wir möchten den Kleinen in unserem Keller überwintern lassen, Mama. Das geht doch?«

Frau Geling betrachtete das Tier. »Das ist aber ein Winzling! Na gut, dann geht hinein. Mal sehen, was wir für den Wicht tun können.«

Die Kinder stießen sich erfreut mit den Ellenbogen an. Emina trat einige Schritte zurück und wollte gehen. Doch Alexander hielt sie rasch am Arm fest.

»Komm mit, Emina!«, rief er freundlich.

»Woher kommst du denn?«, fragte Frau Geling das fremde Mädchen.

»Mama, ich habe dir doch gesagt, dass sie kein Deutsch versteht«, erklärte Alexander.

Emina blickte schüchtern von einem zum andern. Sie wäre gern weggelaufen, aber Alexander hielt sie noch fest.

30

»Hilfe«, schrie Nina plötzlich, »der Igel macht sich selbstständig!«

Dem Stacheltier wurde es allmählich wohl zu langweilig und es hatte einen Mordshunger. Zielstrebig versuchte es den untersten Knopf von Ninas Jacke zu erreichen und anzuknabbern. Mehrere Hände konnten gerade noch den Absturz verhindern. Der Igel schnaufte ärgerlich.

»Alexander, in der Garage steht ein großer, stabiler Karton. Den bringt ihr in den hinteren Kellerraum«, bestimmte Frau Geling. »Ich muss noch einkaufen. Macht euch selbst schlau, wie ein junger Igel gepflegt wird. Ich habe keine Ahnung davon. Aber fünf Pfleger reichen wohl für so ein kleines Tier.«

Alexander war schon losgestürmt.

Emina fühlte sich hin und her gerissen. Einerseits könnte sie sich jetzt davonstehlen, andererseits war sie neugierig.

Alexander kam zurück. Er trug einen Karton, der halb so groß war wie er selbst.

Gerade wollten die Kinder in den Keller gehen, als Manuel sie zurückrief. »Wir müssen den Igel zuerst wiegen«, befahl er und genoss sichtlich seine Bedeutung als Igel-Fachmann. »Alexander, habt ihr eine Küchenwaage?«

»Na klar! Kommt mit!«

Die kleine Karawane zog in die Küche. Die Waage hing an der Wand. Alexander klappte den Deckel herunter, Nina setzte den Igel hinein. Dem Kleinen schien das gar nicht zu gefallen. Unsicher tapste er in dem wackeligen, kalten Ding umher.

Manuel lachte. »Dem ist es sicher kalt am Bauch. Nina, deine Hände mochte er wohl lieber.«

»Seht mal, wie er seine Stacheln an der Stirn aufstellt«, sagte Jens.

»Und wie ärgerlich er schnaubt!«, ergänzte Nina. »Nun halt mal endlich still, du Wackelpeter«, schimpfte sie mit Blick auf die unruhig zitternde Nadel der Waage.

Manuel tippte ganz zart mit dem Zeigefinger auf das Igelnäschen. Sekundenlang schaute das Tier verblüfft drein. Der Zeiger der Waage stand still. Die vier Kinder riefen im Chor: »190 Gramm!«

Emina war in der Türöffnung stehen geblieben. Ihre Blicke schweiften durch den Raum. Ihr gefiel die Einrichtung der Küche mit den glatten, weißen Einbauschränken und dem grün gefliesten Boden.

Plötzlich hatte sie den dunklen Küchenraum ihres kleinen Hauses in Albanien vor Augen, die zusammengewürfelte Einrichtung und den ständig qual-

menden Herd. Sie dachte oft gerade an diesen Raum, in dem sie sich immer besonders wohl und geborgen gefühlt hatte, als ihre Mutter und die Großmutter noch lebten.

Emina schrak aus ihren Gedanken auf. Alexander trug den kleinen Igel zur Tür und sie trat hastig zur Seite. Dann wurde sie von den anderen mitgeschoben. Manuel holperte bereits mit dem großen Karton die Treppe hinunter.

Unten blieb Alexander unschlüssig stehen. Wo sollten sie den Igel unterbringen?

Die Kinder beratschlagten. Alle waren der Meinung, dass so ein zartes Igelkind Wärme brauche. Also wurde der Karton in die Ecke eines wärmeren Raumes gestellt und der kleine Stachelmann hineingesetzt. Da hockte er nun und schnaufte.

Als Nina meinte, man solle den Karton mit Kissen auspolstern, protestierte Manuel energisch: »Das ist total falsch! Wir brauchen eine Menge alter Zeitungen. Wenn er eine Lage dreckig gemacht hat, wird sie einfach durch frisches Papier ersetzt.«

Den Freunden kam das etwas komisch vor. Doch Manuel wusste wohl Bescheid. Alexander lief schon wieder die Treppe hinauf und kam mit einem Stapel Zeitungen zurück. »Holt ihn noch mal raus!«

Der Kartonboden wurde mit einer dicken Schicht Zeitungspapier ausgelegt.

Doch der Igel schien nicht zufrieden zu sein. Misstrauisch beschnupperte er seine neue Behausung. Dann fing er ein wildes Gewühl mit dem Papier an. Er kratzte, zerrte und riss daran herum, bis er einen Haufen Papierfetzen um sich hatte. Mit lautem Geraschel verkroch er sich.

Die fünf Kinder hatten ihm vergnügt zugesehen. »Vielleicht braucht er noch ein Extra-Schlafhäuschen, in das er kriechen kann«, meinte Nina. »Alexander, guck doch mal, ob du einen Schuhkarton oder was Ähnliches findest.«

»Ihr jagt mich ganz schön herum«, brummte er. »Na gut, ich sehe mal nach.«

Gleich im Kellerraum nebenan wurde er fündig. Er schnitt eine Öffnung in die Kartonwand und in den Deckel eine kleine Klappe, durch die man in das Innere sehen konnte. Dann hatte er eine Idee: Im Garten raffte er welkes Laub und Gras zusammen und legte den Karton damit aus. Stolz zeigte er den Freunden das fertige Schlafhäuschen.

Emina hatte mit großen Augen zugeschaut. So recht verstand sie nicht, warum die Kinder um das Tier so viel Aufhebens machten. Als sie es Nina gab, hatte

34

sie gedacht, sie und ihre Freunde würden es be-
trachten und dann wieder irgendwo absetzen. Es
gefiel ihr jedoch, wie das Igelchen umsorgt wurde.
Ob sie auch daran dachten, ihm Futter zu besorgen?
Sie zupfte Nina am Ärmel und rieb sich den Magen.
»Du hast Hunger?«, fragte Nina.
Emina schüttelte lächelnd den Kopf. »Igel-Igel«,
sagte sie und machte schmatzende Geräusche.
»Vielleicht hat sie Appetit auf den Igel«, meinte
Jens. »Ich habe mal gelesen, dass Menschen in
anderen Ländern Igel in Lehm packen, im Feuer
braten und dann essen.«
»Du bist richtig gemein«, empörte sich Nina.
»Wieso?«, verteidigte sich Jens. »In China essen
die Menschen sogar Hunde, Katzen und Ratten.«
Nina hielt sich die Ohren zu.
»Hört auf zu streiten«, sagte Manuel. »Emina woll-
te uns sicher nur daran erinnern, dass der Igel wie-
der etwas zu futtern braucht.«
Im Papierhaufen raschelte es. Eine schwarze Igel-
nase schaute hervor und verschwand wieder.
Manuel ging zur Tür. »Ich hole von zu Hause eine
Dose Katzenfutter. Damit versuchen wir es.«
»Vielleicht braucht so ein Igelbaby Milch«, ver-
mutete Alexander.

»Bloß nicht! Davon kriegt es Durchfall und kann eingehen.«

Alexander sah Manuel an. »Du weißt ganz schön viel. Hoffentlich stimmt das alles.«

Auch Jens hatte seine Zweifel. »Katzenfutter für einen Igel, ich weiß nicht!«

Manuel setzte seine Expertenmiene auf. »Ihr werdet schon sehen.«

Kurz darauf kam er mit einer Konservendose zurück. Alexander stellte das Schlafhaus vorsichtig in eine Ecke des Kartons. Manuel öffnete die Dose und stellte sie daneben.

Nina klatschte in die Hände. »Nun hat unser Igelkind alles, was es braucht. Ein flaches Schüsselchen wäre allerdings besser als die Büchse.«

»Jetzt kannst du aber mal laufen«, maulte Alexander. »Sieh oben im Küchenschrank nach.«

Sie kehrte mit einem Porzellanschüsselchen zurück. »Hoffentlich habe ich nicht euer Sonntagsgeschirr erwischt.«

Die Kinder hockten erwartungsvoll um den Karton herum. Noch blieb es unter dem Papierhaufen ruhig. Aber es dauerte nicht lange, bis der kleine Kerl die Leckerbissen roch. Die Papierschnitzel gerieten in Bewegung. Die feuchte Nase kam wieder zum

Vorschein und zuckte witternd hin und her. Suchend stupste der Winzling das Papier herum und tappte an der Kartonwand entlang, bis er vor dem Schüsselchen stand.

Aufmerksam stellte er seine Stirnstacheln auf. Es roch fremdartig, aber gut. Vorsichtig beknabberte er den Schüsselrand.

Emina tippte seine Schnauze in das Futter. Sofort begann der kleine Igel eifrig zu schmatzen. Es

schmeckte ihm außerordentlich gut. Endlich konnte er sich satt fressen.

»Hoffentlich haben wir ihm nicht zu viel gegeben«, sagte Nina besorgt.

»Er hat bestimmt einen tüchtigen Nachholbedarf«, vermutete Alexander.

Jens grinste. »Nach so viel Katzenfutter fängt der Igel womöglich an zu miauen.«

Nachdem der Igel seinen Bauch ordentlich gefüllt hatte, strebte er zurück zum Papierfetzenhaufen.

Manuel nahm ihn sanft hoch und setzte ihn vor die Öffnung des kleinen Kartons. »Das ist jetzt dein Schlafzimmer, Igel-Igel.«

Unschlüssig blieb der Kleine stehen und kratzte sich. Die Kinder warteten gespannt.

Plötzlich streckte sich der kleine Purzel und schob neugierig seinen Kopf in die dunkle Höhle. Offenbar war es genau das, was ihm zu seinem Glück noch fehlte. Rasch war er im Innern verschwunden.

»Es gefällt ihm!« Die Freunde strahlten.

Alexander hob ganz langsam die kleine Klappe hoch und spähte in das Kartoninnere.

Ihr Schützling hatte sich in das trockene Laub gekuschelt. Er lag gemütlich auf der Seite und schlief bereits tief und fest.

Nacheinander blickten auch Jens, Nina, Manuel und Emina in das Schlafhäuschen. Emina bewunderte das Igel-Quartier.

»Er zuckt mit den Beinen. Vielleicht träumt er«, flüsterte Nina entzückt.

»Ach, nun haben wir doch etwas vergessen«, sagte Manuel. »Vielleicht hat er Flöhe und Zecken. Er hat sich vorhin ganz schön gekratzt. Das müssen wir unbedingt untersuchen.«

»Aber nicht jetzt. Er ist gerade eingeschlafen«, wehrte Alexander ab.

»Wie lange schläft denn so ein Igel?«, fragte Jens.

»Und wann soll er wieder Futter bekommen?«, setzte Nina hinzu.

Manuel meinte: »Alles weiß ich auch nicht. Ich rufe nachher meinen Onkel an und frage ihn. Vielleicht hat er außerdem ein schlaues Buch, das er uns geben kann.«

Emina griff zart nach Ninas Handgelenk und schaute auf die Armbanduhr. Hastig sprang sie auf, hob die Hand und wandte sich zur Tür.

»Warte, Emina! Ich bringe dich hinaus.« Nina begleitete die neue Freundin die Treppe hinauf. Vor der Haustür sagte sie: »Morgen! Kommst du morgen wieder?«

Emina sah sie hilflos an. Nina zeigte auf ihre Uhr und ließ einen Finger auf dem Zifferblatt kreisen. Sie schrieb eine Vier in die Luft und sagte wieder: »Morgen! Vier Uhr!«

Emina atmete tief ein, dann lächelte sie und sagte stockend: »Morgen – vier Uhr – Igel-Igel?«

»Ja, morgen vier Uhr Igel-Igel«, wiederholte Nina lachend. »Du lernst bestimmt bald Deutsch.«

Emina legte die Hand auf Ninas Arm. »Morgen?«

»Moment!« Nina lief rasch in die Küche und schnappte den Wandkalender. Sie zeigte Emina die Wochentage. Doch Emina wusste nicht, wann sie wieder Zeit haben würde. Deshalb tippte sie auf den Kalendertagen hin und her und zuckte mit den Schultern.

Nina verstand. »Okay, aber komm wieder!«

Emina zögerte. Sie gab sich einen Ruck, schlang beide Arme um Nina und drückte sie kurz. Dann wandte sie sich verlegen ab und rannte davon.

Als sie außer Sicht war, machte sie einen Freuden-hüpfer. Einen so schönen Nachmittag hatte sie lange nicht erlebt.

Igelbad

Auch Nina war froh. Leise öffnete sie die Tür zum »Igel-Raum«.

Gerade erschien ihr Schützling am Eingang seines Schlafhauses. Zielstrebig tappte er zu dem Futterschüsselchen und kratzte daran herum.

»Oh, der ist schlau«, sagte Alexander. »Er weiß schon, wo es was zu futtern gibt.«

»Sein Schlaf hat aber nicht gerade lange gedauert«, meinte Jens.

»Der Hunger ist wohl noch größer als seine Müdigkeit«, vermutete Manuel.

»Was meint ihr«, sagte Nina, »muss der Igel auch die Nacht hindurch gefüttert werden? Er ist doch ein Nachttier.«

»Na klar!« Jens grinste. »Alexander, du musst deinem Untermieter jede halbe Stunde Futter bringen. Schlaf kannst du dir abgewöhnen.«

»Quatsch, das Tier wird erzogen. Essen gibt es immer abends.«

Alexander hob den Winzling langsam hoch. Der Igel ruderte ein bisschen mit den Beinen, doch seine Stacheln legte er entspannt zurück. Er knabberte an Alexanders Daumen herum.

»Das tut überhaupt nicht weh«, sagte dieser gelassen und kraulte den weichen Igelbauch. Dem Kleinen schien es zu gefallen.

Manuel suchte nach Ungeziefer. »Oh«, rief er, »da sind drei Zecken, und Flöhe hat er auch. Dreh ihn mal auf den Rücken.« Das behagte dem Igel nicht. Er schnaufte ärgerlich und rollte sich ein, wie es sich für einen Igel gehört.

»Das arme Kerlchen«, sagte Nina mitleidig. »Wie man Zecken herauszieht, das weiß ich von unserem Hund. Aber er hat ja nur Haut und Knochen und ist so zart. Hoffentlich tue ich ihm nicht weh. Wir brauchen etwas Öl, um es auf die Zecken zu träufeln. Dann kann man sie leichter herausziehen.«

»Okay, okay!« Alexander war wieder mal gefragt.

»Und bring noch ein Schüsselchen Wasser mit«, rief Manuel dem Freund hinterher. »Er muss auch was zu trinken haben.«

Alexander seufzte in komischer Verzweiflung. »Soll es sonst noch was sein? Vielleicht Musik zum Einschlafen, Fernsehen oder die Tageszeitung zur Unterhaltung?«

»Nein, Zeitungen hat er in seinem Karton genug.« Manuel lachte. »Aber wir müssen ihn in warmem Wasser baden, wegen der Flöhe.«

Jens prustete los: »Lass schon mal ein Vollbad in eure Badewanne ein.«

»Ich glaube, das Waschbecken reicht«, meinte Alexander trocken. »Los, kommt mit nach oben ins Badezimmer, das ist einfacher.«

Manuel trug den Igel. Alexander holte eine Flasche Öl aus der Küche.

»Gieß etwas in den Deckel und träufle es auf die Zecken.« Nina rieb das Öl auf die Plagegeister und ließ es kurze Zeit einwirken.

»Brauchst du eine Pinzette?«, fragte Alexander.

»Nein die packe ich mit meinen Krallen.«

Geschickt zog sie eine Zecke nach der anderen mit einer Drehung und einem kurzen Ruck heraus.

»Seht euch die mal an. Der Kopf muss unbedingt mit herausgerissen werden, sonst gibt es eine Entzündung.« Angewidert ließ sie den prallen Blutsauger in die Toilette fallen.

Plötzlich stand Herr Geling in der Tür. »Was ist denn das für eine Versammlung?«

»Oh, Papa, wir müssen einen Igel baden. Er hat Flöhe«, erklärte Alexander.

»Und dieses Ungeziefer soll er in unserem Badezimmer loswerden? Reichlich ungewöhnlich!«, brummte Herr Geling.

»Na ja«, meinte er nicht sonderlich begeistert, nachdem Alexander Bericht erstattet hatte, »ihr schleppt aber auch immer etwas Neues an.« Er warf einen kritischen Blick auf das Findelkind. »Ziemlich mickrig, der Igel.«

»Ja, eben«, schaltete sich Nina eifrig ein, »ohne uns würde der kleine Kerl den Winter nicht überleben.«

»Hm, na ja – dann macht mal weiter«, sagte er eine Spur zugänglicher.

Alexander ließ lauwarmes Wasser ins Waschbecken laufen. Er tauchte den Finger hinein. »Ob die Temperatur richtig ist?«

»Das muss man mit dem Ellenbogen fühlen wie für ein Baby«, schlug Nina vor.

»Ich glaube, das Wasser ist gerade richtig«, meinte Manuel nach kurzer Prüfung. »Gib ein bisschen Shampoo dazu.«

Manuel nahm den Igel und tauchte ihn vorsichtig in das Wasser. Dabei achtete er darauf, dass der Kopf über Wasser blieb. »Gib mal das Zahnputzglas.«

»Willst du ihm etwa die Zähne putzen?«, fragte Nina lachend.

Manuel schwenkte das Tier langsam in seinem Bad hin und her. Mit dem Glas schöpfte er Wasser über Kopf und Rücken.

44

»Der lässt sich das wirklich gern gefallen«, staunte
Nina.

»So«, sagte Manuel nach einer Weile, »jetzt wird er
in der Badewanne noch abgeduscht, dann ist er die
Flöhe los.«

»Na hoffentlich«, meinte Alexander mit einem
Seufzer, »sonst müssen wir das Bad wiederholen.«

»Gebt mir mal ein Handtuch für unser Baby«, kom-
mandierte Manuel.

Schön warm eingepackt wurde ihr Schützling nun
wieder in den Igelkarton gebracht. Dort blieb er eine Zeit lang brav sitzen. Doch dann befreite er sich
aus dem Handtuch und machte einen Rundgang,
der vor der Futterschüssel endete.

»Das geht zu weit!«, rief Alexander in gespielter
Entrüstung. »Der Kerl denkt nur ans Fressen.«

»Soviel ich weiß, füttert man nur einmal am Tag,
und zwar abends«, meinte Manuel. »Bis morgen
habe ich meinen Onkel über Igelpflege ausge-
quetscht, dann weiß ich mehr. Wir müssen den kleinen Burschen doch heil durch den Winter bringen.«

»Wir sollten ihm jetzt noch etwas geben«, riet Jens.
»Dem guckt der Hunger schon wieder aus den
Knopfaugen.«

»Also gut«, entschied Alexander, »er kriegt noch
einen Nachschlag. Au Backe, hoffentlich passt er
dann noch in sein Schlafhäuschen.«

»Wir müssen ihm einen Namen geben«, schlug
Nina vor.

»Er heißt doch Igel-Igel.« Manuel verschränkte die
Arme, als wiege er ein Baby.

»Dann schlage ich als Zweitnamen Kasimir vor.«
Nina grinste.

Der Kleine hatte sich inzwischen wieder über seine

46

Schüssel hergemacht. Geräuschvoll verputzte er auch diese Mahlzeit. Nach einem Rundgang an der Kartonwand strebte er müde seinem Schlafhaus zu, schnupperte kurz an der Öffnung und verschwand ins Innere.

»Ob alle Igel so schnell kapieren und so schlau sind wie dieser?«, meinte Alexander staunend.

Aus dem Häuschen war ein heftiges Rascheln zu vernehmen, Laub wurde vor den Eingang geschoben. Dann war Ruhe.

»Gute Nacht, Kasimir«, sagte Nina leise und die Kinder verließen auf Zehenspitzen den Raum.

Kasimir lebt sich ein

Kasimir war nun schon einige Tage bei Gelings. Morgens, bevor Alexander zur Schule fuhr, lief er stets noch rasch in den Keller, um nach seinem Schützling zu sehen. Doch um diese Zeit war die Öffnung des Schlafhäuschens zugestopft und nichts rührte sich. Deshalb freute sich Alexander immer auf den Nachmittag und Abend, wenn Kasimir hervorkam und die Kinder ihn beobachten konnten.

Täglich kamen Manuel, Nina und Jens vorbei, um den Igel zu füttern, zu wiegen und das Zeitungspapier auszuwechseln.

Manuel hatte seinen Onkel Markus mit Fragen gelöchert. So wussten sie jetzt, dass ihr Igelkind gerne Hackfleisch mochte, das mit Haferflocken vermischt war. Nach vier Tagen hatte Kasimir bereits satte dreißig Gramm zugenommen.

»Das ist ein gutes Zeichen«, stellte Nina mit Genugtuung fest. Sie klappte ihr Notizbuch zu, in das sie die Ergebnisse des täglichen Wiegens eintrug.

»Übrigens lungerte an der Straßenecke vorhin diese Emina herum«, bemerkte Jens nebenbei.

Alexander sah ihn erstaunt an. »Warum hast du ihr

nicht gesagt, sie soll mitkommen? Es war doch ab-
gemacht, dass sie wiederkommt.«

»Keine Lust«, war die gemurmelte Antwort.

»Ich sehe mal nach.« Nina rannte hinaus.

Enttäuscht kehrte sie zurück. »Schade, sie ist nicht
mehr da. Bestimmt ist sie zu schüchtern, um hier zu
klingeln.«

Am nächsten Nachmittag fuhr Alexander vor dem
Haus mit seinem Fahrrad ein paar waghalsige
Schleifen. Er hörte jemanden rufen, hielt an und
nahm den Fahrradhelm ab. Jens winkte aus der Ferne mit einer kleinen Schachtel. Aus einer Seiten-
straße tauchten jetzt auch Nina und Manuel auf.

Nina warf einen neugierigen Blick auf die Schachtel. »Was hast du denn da drin?«

Jens setzte eine wichtige Miene auf. »Ich habe für
Kasimir etwas besonders Leckeres gekauft.«

»Lass mal sehen!« Die Kinder steckten die Köpfe
zusammen, als Jens den Deckel hob.

»Was ist denn das?«, fragte Nina angeekelt.

»Das sind Mehlwürmer. Die habe ich in der Tier-
handlung von meinem Taschengeld gekauft. Was
meint ihr, wie sich Kasimir freut, wenn er immer
ein paar davon kriegt!«

Alexander und Manuel guckten mit gerunzelter Stirn in das gelblich braune Gewimmel.

»Wir könnens ja mal versuchen«, meinte Alexander gedehnt.

»Was heißt hier versuchen!«, entgegnete Jens beleidigt. »Der Igel ist bestimmt ganz scharf darauf. Ich dachte, ihr würdet euch freuen. Ist doch interessant. Seht mal, da die zwei helleren, die nicht mehr diese Rillen haben. Sie haben sich verpuppt. Daraus werden dann Käfer.«

»Also kommt«, schlug Alexander vor, »wir geben unserem Igel mal eine Kostprobe.«

Als sie den Kellerraum betraten, rief Manuel: »Seht euch das an! Igel-Igel sitzt schon da und wartet auf sein Futter.«

Tatsächlich saß das Kerlchen brav vor seiner Schüssel und blickte die Kinder erwartungsvoll an.

Alexander beeilte sich, aus der Küche die Zutaten für die Igelmahlzeit zu holen: einen Löffel Haferflocken, ein wenig Banane und einige Nüsse.

»Manuel, schneide mal die Nüsse klein.« Er reichte dem Freund die Tüte mit Haselnüssen, ein Haushaltsbrett und ein Messer.

»Zuerst kriegt er seine Vorspeise«, sagte Jens und legte andächtig zwei Mehlwürmer in die Schüssel.

Interessiert beobachtete Kasimir das lebendige Gewimmel. Einen Moment später waren die Leckerbissen in seiner Schnauze verschwunden.

»Na, was habe ich euch gesagt!« Jens freute sich wie ein Schneekönig.

»Sie scheinen ihm wirklich zu schmecken«, musste Nina zugeben.

Alexanders jüngerer Bruder Fabian steckte den Kopf zur Tür herein. »Ich möchte Lilli gern mal den Igel zeigen.« Seine gleichaltrige Freundin stellte sich hinter ihm auf die Zehenspitzen und blinzelte über seine Schulter. Lilli wohnte mit ihrer Familie in der oberen Etage des Zweifamilienhauses.

»Na gut.« Alexander war nicht begeistert über das Auftauchen der beiden Kleinen und fügte vorsichtshalber hinzu: »Aber ihr könnt nicht jeden Tag hier angekleckert kommen. Der Igel braucht schließlich seine Ruhe.«

»Ich kriege bald einen Goldhamster«, piepste Lilli.

»Den dürft ihr dann auch mal sehen.«

»Na toll.« Alexander grinste. »Jetzt verzieht euch am besten da in die Ecke. Wenn der Igel gefressen hat, lassen wir ihn nämlich mal einen größeren Spaziergang machen.«

»Waaas?« Nina machte große Augen.

Alexander sah in die Runde. »Ja, das wollte ich gerade vorschlagen, da hat er etwas mehr Bewegung, als wenn er nur in dem Karton herumrennt.«

Vergnügt schauten alle zu, wie Kasimir nach der Vorspeise seine Hauptmahlzeit verputzte.

Dann nahm Alexander den Igel vorsichtig hoch. Kasimir war sehr zutraulich und legte seine Stacheln flach zurück. Mit einem zarten Biss in Alexanders Daumen nahm er sanft Kontakt auf.

»Ich glaube, der kennt mich schon und mag mich.« Alexander strahlte.

Jens guckte ein bisschen neidisch, und Nina sagte: »Bei mir hat er sich auch nicht eingekugelt.«

Kaum hatte der Igel Boden unter den Füßen, machte er sich auf die Wanderschaft, nach Igelart immer an der Wand entlang. Als er zum Kellerregal kam, erregte ein Paar alter Lederschuhe seine ganze Aufmerksamkeit.

»Hihi!« Fabian kicherte in seiner Ecke. »Er will Papas Schuhe anprobieren.«

Mit den Vorderpfoten zog sich Igel-Igel am hinteren Schuhrand hoch und lugte ins Innere. Er kaute ein wenig an dem Leder herum.

Nina wunderte sich. »Hat er etwa immer noch Hunger und versucht nun einen Schuh zu fressen?«

52

Kasimir strampelte mit den Hinterbeinen, um in den Schuh hineinzukommen. Doch dann ließ er davon ab. Diese Hürde würde er ein anderes Mal nehmen. Sorgfältig beschnupperte er alles, was ihm auf seinem Spaziergang interessant vorkam.

Mit einer plötzlichen Kehrtwendung tippelte er schnurgerade auf Nina zu.

Lilli und Fabian gaben ein »Oh, schade!« von sich, weil der kleine Igel nicht in ihre Ecke kam.

Er schnupperte kurz an Ninas Schuh, steckte die Nase in das Hosenbein ihrer Jeans und verharrte bei ihrer Hand, die sie am Boden aufgestützt hatte. Kasimir nahm die Kuppe ihres kleinen Fingers ins Maul und leckte daran.

»Vorsicht, bissiger Igel«, flüsterte Alexander.

»Blödsinn«, Nina kicherte, »das ist ein Fingerlutscher. Wie ein Baby.«

Jens und Manuel, die neben ihr auf dem Boden saßen, wackelten mit ihren Fingern, um Kasimir zu sich zu locken. Doch das Igelkind hatte nun genug. Es strebte dem Karton zu und blieb erwartungsvoll davor sitzen. Alexander rutschte auf den Knien zu ihm hin, hob ihn auf und setzte ihn vor sein Schlafhaus. Schwups!, war Kasimir darin verschwunden. Die Kinder hörten ihn noch ein Weilchen rascheln.

»Der ist ja noch süßer als ein Goldhamster«, fand Lilli, »so einen Igel möchte ich auch haben.«

»Den kann man aber nicht im Geschäft kaufen«, belehrte Fabian seine Freundin.

»Außerdem ist ein Igel kein Schmusetier und auch kein Spielzeug«, setzte Alexander hinzu, »sondern ein wildes Tier.«

»Waaas? Ein wildes Tier?« Lilli staunte.

»Na ja, ein Igel lebt normalerweise in der Natur.«

Das Rascheln im Schlafhäuschen hatte aufgehört. Es herrschte Ruhe in der Villa Igel.

Mit einem »Schlaf gut, bis morgen« verließ die Bande den Raum.

Neue Igelfreunde

Emina schwenkte die Einkaufstüte geistesabwesend hin und her. Der Weg vom Supermarkt zum Wohnheim war ziemlich weit und langweilig.

Plötzlich stoppte ein Radfahrer mit quietschenden Reifen neben ihr. Sie schreckte aus ihren Gedanken auf und sah Alexander vor sich.

»Da bist du ja wieder! Kennst du mich noch?«

Emina sah ihn mit großen Augen an. »Hallo«, erwiderte sie scheu. »Igel-Igel gut?«

Sie hatte sich nicht getraut, zu Alexanders Haus zu gehen. Und an der Tür zu klingeln, dazu hätte ihr erst recht der Mut gefehlt, obwohl sie die Kinder sehr gerne wieder treffen wollte.

Einige Male war sie zum Fluss und in den Wald gegangen. Sie hoffte noch einen kleinen Igel zu finden, den sie Nina und Alexander bringen könnte. Das wäre ein guter Grund gewesen, sie zu besuchen, und die Kinder hätten sich bestimmt über einen weiteren vierbeinigen Freund gefreut. Aber sie fand keinen zweiten Igel.

Emina versuchte das Gespräch fortzusetzen. »Nina gut?«, fragte sie.

Inzwischen hatte sie schon etliche deutsche Wörter

55

gelernt. Sie war selbst erstaunt, wie leicht sie die fremde Sprache aufnahm und immer besser verstand. Im Moment aber suchte sie verzweifelt nach Worten und kam sich dumm und linkisch vor.

Alexander bejahte ihre beiden Fragen, machte eine auffordernde Handbewegung und sagte: »Komm doch mit zu Igel-Igel und Nina.«

Emina deutete auf ihren Einkaufsbeutel und schüttelte den Kopf. »Morgen?«, fragte sie hoffnungsvoll.

»Ja, okay, morgen um fünf Uhr.« Er spreizte dabei die fünf Finger seiner Hand.

Emina strahlte ihn an. »Ja, morgen, fünf Uhr.«

»Na dann, machs gut.« Alexander trat in die Pedale und brauste davon.

Zu Hause wartete bereits Manuel vor der Tür. Als die beiden die Wohnung betraten, blieben sie verdutzt stehen. Aus dem Badezimmer drangen entsetzte Schreie.

»Das ist meine Mutter! Was hat sie nur?«, rief Alexander, machte einen Satz und riss die Badezimmertür auf.

»Igittigitt! Was ist denn das?«, schrie Frau Geling und deutete angeekelt auf den Boden.

Alexander atmete tief durch. »Beruhige dich, Mutti! Das sind bloß Mehlwürmer.«

»Bloß Mehlwürmer?«, echote seine Mutter.

Kleinlaut entschuldigte sich Alexander. »Ich hatte die Dose hier abgestellt. Wahrscheinlich war sie nicht richtig verschlossen.«

Im Umkreis um das Waschbecken wimmelte es von munteren hellbraunen Kriechtieren.

»Ich sage dir: In fünf Minuten hast du diese Viecher

hier beseitigt und alles sauber gemacht!« Wütend verließ Frau Geling den Raum.

Alexander zog den Kopf ein und murmelte: »Jaja, soll nicht wieder vorkommen.« Gemeinsam mit Manuel sammelte er das Gewürm in die Dose.

»Einfacher wäre es, wenn wir Kasimir holen würden. Der räumt hier ruck, zuck auf«, schlug Manuel augenzwinkernd vor.

»Quatsch nicht! Das wäre viel zu viel für den Kleinen.« Alexander drückte den Deckel fest zu und schaute noch einmal prüfend umher.

Manuel bückte sich. »Da sind noch zwei.« Auch diese Nachzügler wanderten in die Dose.

Alexander atmete auf. Das Donnerwetter seines Vaters mochte er sich gar nicht ausmalen, wenn er die Bescherung hier vorgefunden hätte. Er würde heute von einer Geschäftsreise wieder nach Hause kommen.

Doch nach dem Abendbrot hielt sein Vater eine Überraschung für ihn bereit. Zwischen seinem Daumen und Zeigefinger krümmte sich ein Mehlwurm. »Den habe ich eben neben dem Waschbecken gefunden. Wäre das nichts für euren Igel?« Alexander warf seiner Mutter einen Blick zu.

Zum Vater gewandt meinte er leichthin: »Na klar!
So etwas frisst der für sein Leben gern.«

Herr Geling fuhr fort: »Nachdem der neue Hausbe-
wohner nun schon unser Bad benutzt und meine
alten Zeitungen in Beschlag genommen hat, interessiert es mich doch, wie es ihm geht.« In seinen
Mundwinkeln saß ein Schmunzeln.

»Oh, der Igel macht prima Fortschritte. Er hat
schon vierzig Gramm zugenommen«, berichtete er.
»Und du solltest mal sehen, wie schlau Igel sind.
Oder vielleicht ist unserer besonders klug. Der ka-
piert alles. Wir kriegen ihn bestimmt gesund über
den Winter. Komm doch mal mit in den Keller.«

Alexanders Mutter wurde nun auch neugierig. »Na,
das gucke ich mir doch auch mal an.«

»Ich komme mit«, trompetete Fabian.

Kasimir hatte bereits sein Futter bekommen, doch
er saß vor seinem Schlafhäuschen und schaute un-
ternehmungslustig umher.

»Igel-Igel scheint noch munter zu sein. Vielleicht
hat er Besuch erwartet.« Alexander grinste.

»Wie heißt das Tier?«, fragte sein Vater.

»Oh, er hat zwei Namen: Igel-Igel und Kasimir.«
Alexander erzählte, wie es zu dem Doppelnamen
gekommen war.

»Nett«, fand sein Vater.

Alexander hob Kasimir aus der Kiste heraus und setzte ihn auf den Boden. »Nun lauf dich mal müde, Kleiner!«

Kasimir wetzte sofort los. Alles, was irgendwie im Weg stand, wurde interessiert beschnüffelt. Plötzlich verschwand er unter dem Kellerregal.

»Oje«, meinte die Mutter, »hoffentlich kommt er wieder darunter hervor.«

»Keine Bange«, beruhigte Alexander sie, »der weiß schon, wo er ein besseres Nachtquartier hat.«

Da erschien auch schon die blanke Igelnase. Zwei Knopfaugen blickten suchend umher, dann lief Kasimir flink auf den Karton zu.

»Jetzt habt ihr gesehen, wie der sich auskennt.« Alexander setzte den Igel zurück in sein Gehege.

Als sich Frau Geling über den Karton beugte, fiel ein Stofftaschentuch aus ihrer Jackentasche. Blitzschnell nahm Kasimir es in Beschlag und schleppte es zu seinem Schlafhäuschen. Mit einem Zipfel im Maul schlüpfte er durch die Öffnung und zog rasch das Tuch nach.

Alexander und die Mutter sahen sich verblüfft an. Der Vater lachte laut auf und rief: »Ist doch klar, das Tier braucht eine Schlafdecke!«

Alexander hob das Dach des Schlafhäuschens hoch und spähte hinein. Kasimir lag entspannt auf der Seite und hatte das Tuch halb über sich gezogen.
»Das ist ja niedlich«, flüsterte die Mutter.
Igel-Igel Kasimir hatte damit zwei weitere Fans, wie Alexander zufrieden feststellte.

Ausflug in den Garten

Pünktlich zur verabredeten Zeit stand Emina vor Alexanders Haus. In der Wohnheimsiedlung war sie mehrmals die steinerne Treppe hinuntergelaufen, um auf die große Uhr zu sehen, die am Nachbargebäude angebracht war.
Mereme ging es inzwischen besser. Sie hatte Verständnis dafür, dass Emina gerne draußen herumstreifte. So konnte ihr Emina ohne Scheu von der Bekanntschaft mit den Kindern erzählen.
Emina drückte auf den unteren Klingelknopf. Frau Geling öffnete die Haustür und begrüßte das Mädchen freundlich.
Eine Zimmertür wurde aufgerissen und Alexander erschien, gefolgt von Nina. »Hallo!«, riefen beide und zogen Emina ins Zimmer.

Emina sah sich um: Übermäßig aufgeräumt war es hier nicht. Auf einem kleinen Schreibtisch lagen Schulhefte, Bücher, Stifte und allerlei Krimskrams. Der Junge war offensichtlich ein Fußballfan. Große Poster mit Fußballern schmückten die Wände. In einer Ecke lag ein lederner Fußball in schöner Eintracht mit Schienbeinschonern, Torwarthandschuhen und einem Trikot. Die dazugehörende Hose war achtlos auf eine breite Schlafcouch geworfen worden. Trotz der Unordnung wirkte das Zimmer gemütlich, hell und freundlich. Auf dem Stuhl vor dem Schreibtisch lag der rote Bumerang. Alexander fegte ihn mit ausholender Geste hinunter und forderte Emina zum Sitzen auf. Sie hob den Bumerang auf, hielt ihn sich vor die Stirn und verdrehte die Augen.

»Ach ja, richtig!« Alexander lachte und erklärte Nina: »So habe ich Emina kennen gelernt. Wenn der Bumerang nicht so leicht wäre, hätte ich sie damit verletzen können.«

Er warf sich auf die Schlafcouch und verschränkte die Arme unter dem Kopf. Zu Nina, die im Schneidersitz auf dem Boden saß, sagte er nachdenklich: »Ich habe festgestellt, dass Kasimir eigentlich kein Nachttier ist.«

»Wieso?«

»Der Igel wühlt tagsüber ziemlich viel in seiner Kiste herum. Er schubst und schiebt seine Futterschüssel hin und her. In der ersten Zeit hat er am Tag viel mehr geschlafen.«

»Komisch. Hat Manuel schon das Igelbuch seines Onkels mitgebracht? Dann könnten wir nachsehen, ob sich unser Kleiner normal benimmt. Vielleicht fehlt ihm etwas.«

»Nö, das Buch ist noch nicht hier. Aber ich glaube, Kasimir ist gesund. Er frisst und nimmt zu.« Alexander sprang auf. »Los, wir bringen ihn in den Garten. Er soll sich etwas mehr bewegen. Das wird ihm gut tun.«

Nina stand auf. »Emina, komm! Wir bringen Igel-Igel in den Garten.«

Emina folgte den beiden in den Keller zum Igelgehege.

»Oh, sieh mal, wie niedlich!« Nina zeigte auf Kasimir. Ein breiter Sonnenstrahl fiel durch das Kellerfenster in eine Ecke des Kartons. Kasimir lag ausgestreckt auf der Seite und nahm ein Sonnenbad. Als er die Geräusche hörte, blinzelte er und gähnte herzhaft. Dabei wurden seine spitzen Vorderzähne sichtbar, die schon beachtlich gewachsen waren.

Doch von Schläfrigkeit keine Spur. Er rappelte sich rasch auf, stellte sich auf die Hinterbeine und schnupperte.

Alexander lachte. »Jetzt gehts nach draußen.«

Im Garten tippelte Kasimir auf seinen dünnen Beinen los. Die Kinder bildeten ein Dreieck, damit sie ihren Schützling sofort in Obhut nehmen konnten, falls er zu entwischen versuchte.

Doch der Igel dachte gar nicht ans Ausreißen. Es gab im Garten viel zu viel zu erkunden. Er steuerte auf eine matschige Pflaume zu und begann sie mit Genuss zu vertilgen.

Nina war besorgt: »Wenn er davon krank wird?«

Alexander beruhigte sie. »Lass nur. Die Pflaume scheint ihm richtig gut zu schmecken.«

Unter dem Apfelbaum lagen einige wurmstichige Äpfel, die Kasimirs Interesse weckten. Er naschte hier und dort. Aus einem Apfel ragte das Ende eines Wurms heraus. Kasimir zog und zog. Der Wurm wurde immer länger und war – schwuppdiwupp! – im Igelmaul verschwunden.

»Wie kann ein so kleines Tier nur so laut schmatzen?«, fragte Nina belustigt.

Offensichtlich war nun der größte Appetit gestillt, denn Kasimir wanderte gemächlich weiter.

Vor dem Zaun standen Herbstblumen in leuchtender Pracht. Eine Aster lag abgeknickt auf der Erde. Kasimir packte die Blüte und warf sie hin und her, bis sie ganz zerfallen war. Auf den Blütenresten kaute er bedächtig herum.

»Fressen Igel auch Blumen?« Nina staunte.

Alexander zuckte die Schultern. In diesem Moment spuckte Kasimir zerkaute Blütenklümpchen, die mit Speichel vermischt waren, wieder aus und pickte sie auf seine Seitenstacheln auf. Das wiederholte er so lange, bis sein Vorrat aufgebraucht war und überall auf seinen Stacheln die mit Speichel vermischten, zermanschten Blumenreste prangten.

»Oh, davon habe ich gelesen.« Alexander freute sich. »Das tun alle Igel. Sie bespeicheln sich oft.«

»Und warum tun sie so etwas Witziges?« Nina kam aus dem Staunen nicht heraus und auch Emina rollte verwundert die Augen.

»Den Grund kennt man nicht, soviel ich weiß.«

»Igel-Igel krank?«, fragte Emina.

»Nein, Igel-Igel gesund. Normal«, gab Alexander zur Antwort.

»Hör mal«, Nina schubste ihn an, »sprich richtig mit Emina, sonst lernt sie ein verkorkstes Deutsch.«

Kasimir lief zielstrebig auf ein Gebüsch am Gartenrand zu. Seine krummen Beine legten ein rasches Tempo vor. Emina hüpfte aufmerksam neben ihm her, Nina und Alexander verfolgten den munteren Kerl auf allen vieren.

Unter dem Gebüsch entdeckte Nina ein Kaninchen-

loch. Rasch legte sie die Hand vor die Öffnung. »Nee, nee, Kleiner!«, sagte sie lachend. »Eintritt verboten! Sonst verirrst du dich womöglich und wir müssen dich ausgraben.«

Kasimir änderte die Richtung. Alexander erwischte ihn am rechten Hinterbein. Der Igel fauchte vor Schreck und verwandelte sich blitzschnell in eine Stachelkugel, sodass Alexander das Bein loslassen musste. Nach einer Weile erschien die blanke Nase wieder und das Stachelkleid glättete sich. Die Gefahr schien vorüber. Doch Kasimir blickte misstrauisch unter den gesträubten Stirnstacheln umher und gab ein ärgerliches Schnaufen von sich.

»Igel-Igel ist zornwütig?«, fragte Emina.

Nina lachte. Alexander gab ihr einen sanften Schubs und grinste. »Siehst du, Emina kennt deutsche Wörter, die selbst wir nicht kennen.«

Er schob langsam die Hand an Kasimir heran. Mit einem zarten Kontaktbiss erkannte der Igel den vertrauten Geruch und ließ sich aufheben.

»Ich glaube, das reicht für heute«, meinte Alexander. Er kraulte Kasimir zart am Bauch, was dieser sehr zu genießen schien, und trug ihn wieder zu seinem Karton. Sichtlich müde verschwand der Igel sofort im Schlafhaus.

Nina hatte vor einigen Tagen von zu Hause ein paar ausgediente Sofapolster mitgebracht, die die Kinder im Keller als Sitzkissen benutzen konnten. Während sich die Mädchen darauf niederließen, sagte Alexander: »Ich hole ein paar Äpfel, aber diesmal für uns und natürlich ohne Würmer.«
Gemütlich kauend saßen sie beieinander.
Emina räusperte sich. »Apfel gut. Zwei Wochen ich in deutsche Schule. Viel dort lernen.«
»Oh«, sagte Nina, »das ist prima. Gehst du gern in die Schule? Macht es Spaß?«
»Ja, macht Spaß.«
»Sie versteht schon ziemlich viel«, stellte Alexander fest. »Emina, der Igel hat noch einen Namen. Er heißt Kasimir. Sag mal: Kasimir!«
Emina verstand, doch sie hatte Schwierigkeiten mit dem Wort. Alexander zwinkerte ihr zu. »Das wird schon noch.«
Es war gerade eine halbe Stunde vergangen, da begann Kasimir in seiner Behausung herumzuwühlen. Die Kinder reckten die Hälse.
»Das darf doch nicht wahr sein«, sagte Nina.
Kasimir saß vor seiner leeren Schüssel und leckte auffordernd daran herum.
»Der will tatsächlich wieder was zu futtern.«

Alexander stemmte die Hände in die Hüften. »Wo lässt dieser Zwerg bloß das ganze Zeug? Von schlanker Linie hält er wohl nichts.«

Kasimir wurde ungeduldig. Er stieß die Schüssel hin und her.

»Also gut, überredet«, meinte Alexander seufzend. »Ich mache ihm in der Küche sein Futter zurecht. Nina, ihr könnt inzwischen das schmutzige Papier auswechseln.«

Nina nahm Kasimir von seiner Schüssel weg, was dieser nur widerstrebend geschehen ließ, und setzte ihn auf Eminas Arm. Das schien ihm gut zu gefallen.

Alexander kam in Begleitung von Manuel die Treppe heruntergepoltert. Manuel schwenkte ein Buch in der Hand und verkündete: »Hier steht alles über Igel drin.«

»Ach«, sagte Nina, die gerade mit der Säuberung des Kartons fertig geworden war, »lass mal sehen, ob da auch etwas über das komische Bespeicheln drinsteht.«

»Na klar! Das machen Igel so.«

»Unser Kleiner hat uns das vorhin zum ersten Mal vorgeführt. Sieht lustig aus«, berichtete Alexander.

»Hallo, Emina! Gibst du mir mal den Igel?« Manuel streckte die Hände aus.

Kasimir schien das Herumreichen gern zu haben. Als er Manuels Uhrenarmband entdeckte, begann er genießerisch daran herumzukauen.

»Der hat eine besondere Vorliebe für Leder«, sagte Manuel lachend.

Alexander setzte die Futterschüssel ab. »Mal sehen, ob unser Vielfraß das auch noch schafft.«

»Übrigens«, fiel Nina ein, »wir haben ihn zwei Tage nicht gewogen. Sollen wir das jetzt tun?«

»Mit der dicken Pflaume und allem anderen, was er vorhin gefressen hat, würde das Gewicht nicht stimmen«, meinte Alexander. »Wir wiegen ihn morgen. Wir müssen aber wieder eine günstige Gelegenheit abpassen, damit meiner Mutter nicht vorgeführt wird, dass wir den Igel in die Küchenwaage setzen.«

»Ah!«, rief Nina und wies auf eine Stelle im Buch. »Hier steht, das Bespeicheln sei eine alte Igelgewohnheit, über die man lange herumgerätselt hat. Es hat mit ihrem Geruchssinn zu tun.«

Auch Manuel steckte seine Nase in das Buch. »Gib mal her. Hier steht etwas über Mehlwürmer.« Vor sich hin murmelnd las er. Dann rief er: »Mensch, Klasse! Die schreiben, dass man Mehlwürmer ganz einfach selbst züchten kann. Wie wärs? Dann hätten

70

wir immer tolle Leckerbissen für Kasimir, ohne Geld ausgeben zu müssen.«

»Und wo soll die Zucht stattfinden?«, wollte Alexander wissen.

»Na, hier unten im Keller. Man braucht nur eine Kiste, zehn Zentimeter hoch gefüllt mit Weizenkleie. Ab und zu etwas altes Brot, geriebene Möhren und Banane für die Feuchtigkeit. Bis auf die Weizenkleie kostet das so gut wie nichts. Und zu Anfang müssen wir noch einmal eine Hand voll Mehlwürmer kaufen. Zu kalt darf es in dem Raum nicht sein.« Manuel hatte sich in Begeisterung geredet.

Doch Alexander war nicht überzeugt. »Wenn ich an das Theater denke, das meine Mutter wegen der paar Mehlwürmer im Badezimmer gemacht hat … Ich weiß nicht.«

»Das war ein kleiner Betriebsunfall«, sagte Manuel. »Aber erstens kommt deine Mutter nicht so oft in diesen Kellerraum, und zweitens müssen wir aufpassen, dass die Würmer nicht entkommen.«

Nina sah zu Emina hinüber und hob die Schultern. Emina lächelte. Bald würde sie alles verstehen und mitreden können.

Alexander wollte die Entscheidung über die Mehl-

würmerzucht auf einen anderen Tag verschieben, was Manuels Begeisterung nicht bremsen konnte.

Plötzlich musste Emina herzhaft niesen. Kasimir machte vor Schreck einen Hopser und richtete blitzschnell seine Stacheln auf.

»Mir ist schon öfter aufgefallen, dass er sehr empfindlich auf hohe, laute Geräusche reagiert«, stellte Alexander fest. »Wenn ich den Lichtschalter anknipse, zuckt er auch zusammen.«

»In der Natur bedeutet ein fremdes, lautes Geräusch vielleicht eine Gefahr für den Igel«, meinte Manuel, »deshalb will er sich schützen.«

»Er hat sich schon wieder beruhigt.«

Emina stand auf und verabschiedete sich. Alexander begleitete sie zur Haustür. »Komm bald wieder.« Sie nickte glücklich und ging mit schnellen Schritten davon.

Die Würmerzucht

Am nächsten Tag hatte sich Alexander entschieden: Sie würden Mehlwürmer züchten. Manuel bekam von einem Vogelzüchter, einem Bekannten seines Vaters, einige Kleinigkeiten geschenkt. Der erklärte ihm auch, dass Mehlwürmer für die Zucht etwa fünfundzwanzig Grad Wärme benötigten.

Eine Holzkiste fand sich kostenlos im nächsten Supermarkt. Mit Fensterkitt, den Manuel in einer Glaserei geschenkt bekam, dichtete Nina die Kiste ab. Zusätzlich beklebte Alexander die Außenseite der Ritzen mit Leukoplast. Als Deckel legte er ein Stück altes Fensterglas obenauf. Mit Schaumstoffresten und einer Decke umwickelten sie die Kiste, damit die Würmer es schön warm hatten. Endlich waren alle zufrieden. Die Zucht konnte beginnen.

Manuel schüttete die erste Hand voll Mehlwürmer in die mit Weizenkleie gefüllte Kiste.

Allerdings war die Kiste nicht so dicht, wie die jungen Züchter hofften. Immer wieder schafften es etliche Flüchtlinge, der Behausung zu entkommen. Man fand sie in den letzten Winkeln des Kellerraumes. Schließlich setzten die Kinder Kasimir als Spürnase ein, um die Ausreißer – oder Leckerbis-

sen – selbst zu fangen. Dies führte ihn selbst jedoch oft in schwer zugängliche Ecken, und die Kinder mussten viel Geduld aufbringen, um ihn dort herauszulocken.

»Kasimir ist schon wieder seit einer halben Stunde verschwunden«, beschwerte sich Nina. »Seid mal still! Ich glaube, ich höre ein Geräusch. Es scheint ganz hinten rechts aus dem Regal zu kommen.«
Sie hielten den Atem an und lauschten.

»Der Bursche liegt irgendwo und schnarcht.« Alexander grinste, weil er Kasimir so drollig fand.
Vorsichtig zog er mit Manuel eine Werkzeugkiste hervor. Dahinter kam ein Pappkarton mit Gardinenresten zum Vorschein. Gemütlich lag Kasimir in einen Gardinenzipfel eingewickelt und öffnete gerade verschlafen die Augen. Missmutig blinzelte er hinter dem blumigen Spitzenmuster hervor.

»Seht mal!« Alexander nahm mit zwei Fingern ein paar graue Borsten aus dem leichten Stoff. »Was ist denn das?«

»Mensch! Das sind Igelstacheln!«, rief Nina verblüfft. »Und eine ganze Menge sogar!«

Alexander sah Manuel ängstlich an. »Hast du eine Ahnung? Ist er krank?«

Manuel zog die Stirn kraus. »Ich glaube, irgend-

wann verlieren die Igel ihre Jugendstacheln. Vielleicht kriegt er jetzt schon sein Erwachsenenkleid.«
»Hoffentlich ist es nur das.« Nina atmete erleichtert auf und sah sich um. »Alexander, wo hast du das Igelbuch hingelegt?«
»Das ist oben in meinem Zimmer. Ich lese immer wieder darin. Bestimmt finde ich auch etwas über die Jugendstacheln.«

Alexander schob den leeren Teller zurück. Seine Mutter begann den Abendbrottisch abzuräumen. Der Vater würde heute erst später vom Sport nach Hause kommen.
Unbehaglich rutschte Alexander auf seinem Stuhl herum. »Mama, ich muss dir etwas sagen.«
Seine Mutter warf ihm einen Blick zu. »Hast du etwas angestellt?«
»Och, eigentlich nicht. Nur …«
»Heraus mit der Sprache! Was ist los?«
»Wir haben im Igel-Keller eine Mehlwürmerzucht angefangen«, platzte Alexander heraus.
»Oh!«
Rasch fuhr er fort: »Das ist ganz toll. Es kostet fast nichts und wir haben immer Zusatz zum Futter. Die Dinger vermehren sich von ganz allein.«

Frau Geling versuchte einen Einwand, aber Alexander ließ sie nicht zu Wort kommen: »Mama, du kommst doch nicht so oft in den Raum. Die Würmer sind in einer dichten Kiste untergebracht. Und wenn du etwas aus dem Keller brauchst, hole ich es dir. So siehst du sie überhaupt nicht.« Er sagte lieber nichts von den Flüchtlingen, die immer wieder ihrer Behausung entkamen.

»Nun, wenn das Gewimmel auf den Kellerraum beschränkt bleibt und ich die Viecher nicht wieder hier oben in der Wohnung vorfinde, kann ich euch nur eine fruchtbare Aufzucht wünschen.«

Alexander fiel ein Stein vom Herzen.

Zuwachs

»Alexander! Hallo!«

Alexander nahm seinen Ball auf, den er seit einer Viertelstunde gegen den meterhohen Holzzaun der Nachbarin gekickt hatte. Durch eine Zaunritze sah er sie vor ihrer Haustür stehen. Zaghaft meldete er sich: »Ja?« Hatte er sie mit dem Ballspielen verärgert? Das wollte er nicht, denn Frau Schulz war immer sehr nett.

»Kommst du mal bitte zu mir?«

Langsam ging er um den Zaun herum und sah Frau Schulz unsicher an. Doch seine Befürchtung war unnötig. Freundlich winkte sie ihn herbei.

»Ich möchte etwas mit dir besprechen. Meine alte Mutter ist vor ein paar Tagen sehr krank geworden und musste ins Krankenhaus. Deshalb habe ich ihr Kaninchen zu mir genommen. Aber leider reagiere ich allergisch auf das Tier und muss es weggeben. Möchtest du es vielleicht haben? Du müsstest natürlich zuerst deine Eltern fragen.«

Alexander sah sie überrascht an. »Tja, ich weiß nicht. Wir haben schon einen Igel. Den müssen wir über den Winter pflegen.«

»Einen Igel? Na so etwas!«

»Kann ich das Kaninchen mal sehen?«

»Aber sicher. Komm mit, ich zeige es dir.«

Alexander folgte Frau Schulz durch das Wohnzimmer. In einer Ecke der Terrasse stand ein großer viereckiger Kasten. Das Dach und die drei Wände waren aus rissigem, altem Holz. Die Stalltür an der Vorderseite bestand aus einem Holzrahmen, der mit grobem Maschenzaun bespannt war.

Alexander ging näher heran. Zwei schwarze Augen blickten ihn ruhig an.

»Es ist ein Widderzwerg«, erklärte Frau Schulz und öffnete die Stalltür.

»Wieso Widder?«, fragte Alexander verblüfft.

Frau Schulz lachte. »Die Rasse nennt man Widder. Sieh dir mal den gedrungenen Körper mit dem kurzen, kräftigen Kopf an.«

»Und wieso hängen seine Ohren so nach unten?«

»Die Hängeohren mit der Öffnung nach innen zum Kopf sind auch Kennzeichen dieser Rasse.«

»Darf ich es mal streicheln?«

»Natürlich. Es heißt übrigens Mathilde und ist eine Häsin. Streck deine Hand ganz ruhig aus und streichle über das Fell.«

Das Kaninchen hob den Kopf. Es zeigte gespannte Aufmerksamkeit und Verteidigungsbereitschaft.

Alexander fuhr mit der Hand schmeichelnd über das Fell, das sich wunderbar weich anfühlte. Er merkte, wie sich das Tier entspannte und sich die Liebkosung behaglich gefallen ließ.

»Süß, die Mathilde«, meinte er. »Die darf nicht ins Tierheim, die nehmen wir.«

»Langsam, langsam!« Sprich zuerst mit deiner Mutter. Ich möchte es mir mit meiner Nachbarin nicht verderben.«

»Das kriege ich schon hin. Sie müssen mir nur ge-

nau sagen, was Mathilde alles braucht. An Futter
und Pflege, meine ich. Meine Freunde und ich wissen ein bisschen Bescheid über Igel. Wir können
uns genauso gut um ein Kaninchen kümmern.«
Er musste sich richtig losreißen von dem kuscheli-
gen Streichelfell. Mit einem »Bis morgen, Frau-
Schulz« schnappte er seinen Ball und rannte los,
um seinen Freunden die Neuigkeit mitzuteilen.

Dass Nina, Manuel und Jens begeistert sein würden, hatte sich Alexander schon gedacht. Sogleich

beschlossen die Freunde, das Kaninchen von nun an Mathi zu nennen.

Alexander staunte, wie leicht er die Einwilligung seiner Eltern erhielt, ein weiteres Tier aufzunehmen. Allerdings hatte er seiner Mutter auch einen sehr Mitleid erregenden Bericht von dem »armen Kaninchen« gegeben. Er schilderte ihr, welch ein schweres Schicksal Mathi im Tierheim erwarten würde, wo sie in einem engen Verschlag eingesperrt leben müsste, ohne einen vertrauten Menschen. Dabei könnte es das Tier hier bei ihnen zu Hause sooo gut haben.

Damit hatte er Mutters mitfühlendes Herz auf seiner Seite. Und Fabian war ganz begeistert, dass ein Schmusekaninchen ins Haus kommen würde.

Gleich am nächsten Tag machten sich Alexander, Manuel und Jens auf den Weg zu Frau Schulz. Zu dritt würden sie die Kiste gut tragen können.

Das Kaninchen hockte mit rundem Buckel in der hintersten Ecke seines Stalles. Aus weit geöffneten Augen starrte es die Kinder an. Nur das kleine Nasendreieck zuckte und die Schnurrhaare zitterten.

»Sollen wir die Stallkiste mit dem Kaninchen rübertragen?«, fragte Jens.

»Nein«, sagte Frau Schulz, »durch die Schaukelei beim Tragen würde Mathilde das Gleichgewicht verlieren, vor allem wenn ihr eine Treppe hinuntergeht. Ich werde sie auf den Armen zu euch bringen.« Sie griff dem Tier ins Nackenfell, fasste mit der anderen Hand unter das Hinterteil und legte das Kaninchen in ihre Armbeuge. »Seht ihr, so müsst ihr es hochheben und tragen.«

Die drei nickten. Dann setzten sie sich mit dem Stall in Bewegung. Im Igel-Keller konnten sie sich erst nach einigem Hin und Her über den Standort einigen. Sie stellten die Kiste in die Ecke, die Kasimirs Karton schräg gegenüberlag.

Frau Schulz setzte das Kaninchen auf dem Boden ab. Es blieb eine Weile hocken, dann begann es aufmerksam seine neue Umgebung zu erkunden.

»So, ich wünsche euch viel Spaß mit Mathilde. Wenn ihr Fragen habt oder Hilfe braucht, wisst ihr ja, wo ihr mich finden könnt.«

»Vielen Dank, Frau Schulz«, sagte Alexander.

»Oh, ich habe euch zu danken. Machts gut!«

Mathi trifft Kasimir

Natürlich wollten auch Nina und Fabian bei der ersten Begegnung der beiden Tiere dabei sein. Alexander holte seinen Bruder von oben und rief die Freundin an. »Nina, los, trab an! Wir machen die beiden bekannt.«
Nina schaltete nicht gleich. »Wie – was?« Dann hatte sie verstanden. »Alles klar! Ich komme.«

Manuel nahm Kasimir aus seinem Karton. Der kleine Wicht hatte sich schon an der Wand hochgearbeitet und schnaufte ungeduldig. Voller Unternehmungslust wetzte er los.
Alexander öffnete inzwischen den Kaninchenstall. Davor lag ein Stück Teppichboden, der als offener Ruheplatz für Mathi gedacht war. Auf der anderen Seite stand die Klokiste, eine mit Sand gefüllte Plastikschale mit hohem Rand.
»Fabian hat übrigens versprochen, dass er die Klokiste immer sauber macht«, verkündete Alexander und sein kleiner Bruder nickte eifrig.
Mathi knabberte gerade an dem duftenden Heu, das sich in einer Raufe in ihrem Stall befand. Rasch machte sie kehrt.

Der Körper streckte sich und die Schnurrhaare
gerieten in schnellere Schwingungen. Sie hoppelte
zur Öffnung hinaus und blieb einen Moment auf
dem Ruheplatz sitzen.

Fabian fuhr zart mit der Hand über das Fell. »Ist das
Kaninchen süß!« Er war begeistert.

Aber Mathi wollte weiter. Sie begann den Raum zu
erkunden. Die Kinder warteten gespannt auf die
Begegnung ihrer beiden Schützlinge.

»Wo steckt denn unser Stachelfritze?«, fragte Jens.

»Hoffentlich schnarcht er nicht schon wieder in der
Gardinenkiste«, sagte Nina.

Doch da erschien eine kleine schwarze Nase unter
dem Regal. Die dunklen Knopfaugen sahen die
Kinder erwartungsvoll an.

»Ob er etwas will?«, fragte Nina.

Alexander lachte. »Wenn er etwas haben will, kann

es sich nur um drei Dinge handeln: etwas zu futtern, seinen Schlaf oder Schmusen und Bauchkraulen. Nun versuch mal in seinen Augen zu lesen, was es diesmal sein soll.«

In diesem Augenblick kam ein großes, schwarzes Etwas auf Kasimir zu. Reichlich unheimlich, fand er und rollte sich vorsichtshalber rasch zusammen. Mathi verharrte vor ihm. Ganz geheuer war ihr diese stachelige Kugel nicht. Notfalls würde sie sich verteidigen. Der nach oben gereckte Schwanz signalisierte Aufregung. Ein Auge riskierte der Igel aber nun doch. Den Kopf vorgereckt, schnupperte das Kaninchen an dem fremdartig riechenden, stoppeligen Ball. Kasimirs Nase ging lieber wieder auf Tauchstation.

»Wie klein Kasimir gegen das Kaninchen ist«, sagte Nina. »Dabei ist er schon ein ganzes Stück gewachsen und hat so toll zugenommen.«

»Wie viel wiegt er denn inzwischen?«, erkundigte sich Manuel.

»Pst, seid mal still!«, zischte Alexander.

Mathi hatte das Interesse an dem Stachelball verloren, machte einen Satz vorwärts und durchquerte den Raum mit temperamentvollen Hopsern. Kasimirs Gesicht erschien, aber er schaute noch recht

misstrauisch unter seiner Stirnbürste hervor. Die Gefahr schien vorüber zu sein. Er glättete seine Stacheln und lief auf die Kinder zu. Diesmal hatten es ihm Jens' Schuhe angetan, die er genüsslich ableckte und benagte.

»Na, die Begegnung hatte ich mir spannender vorgestellt«, sagte Nina enttäuscht.

Das Kaninchen kam langsam wieder herbeigehoppelt. Vorsichtshalber igelte sich Kasimir ein, doch nach kurzer Zeit siegte die Neugier. Ein solcher Geruch war ihm noch nicht vor die Nase gekommen. Er näherte sich Mathi von der Seite. Sie blieb ruhig sitzen, aber die weit geöffneten Augen zeigten große Wachsamkeit. Kasimir berührte mit der Nase das weiche Fell. Das schien ihm zu gefallen. Er wühlte ein bisschen darin herum. Die Kinder wagten sich nicht zu rühren. Alexander wusste, dass Kaninchen schmerzhaft zubeißen können. Er sorgte sich um das Igelkind. Aber Mathi ließ nur ein leises Fiepen hören. Daraufhin zog sich Kasimir zurück.

»Gar nicht so schlecht für den Anfang.« Manuel freute sich.

Alexander ging langsam auf Mathi zu. Sanft fuhr er über das glänzende Haarkleid. Das Kaninchen genoss die Streicheleinheiten.

Fabian trat neben den Bruder. »Darf ich Mathi auch mal halten?«

Alexander zeigte ihm, wie er es richtig machen musste, und Fabian ließ sich auf dem Sitzpolster nieder. Nach einiger Zeit erwiderte Mathi die Liebkosung, indem sie die Hand des Jungen leckte.

»Ich glaube, die mag mich.« Fabian strahlte glücklich in die Runde.

»He, Nina, was wiegt Igel-Igel denn nun?«, wollte Manuel wissen.

»Also«, sie griff nach ihrem »Igelgewicht-Büchlein« und las vor: »In den ersten Tagen hat er täglich fünf bis fünfzehn Gramm zugenommen. Dazwischen gab es einmal nach zwei Tagen eine Zunahme von fünfundvierzig Gramm.«

»Das war sicher nach einem Gartenspaziergang«, meinte Manuel.

»Und gestern wog er« – Nina machte eine bedeutsame Pause – »stolze vierhundertachtzig Gramm.« Sie sah die Freunde triumphierend an.

»Mensch«, Jens staunte, »der wiegt ja bald so viel wie zwei Päckchen Butter.«

»Nur so fett ist er noch nicht.« Alexander lachte.

»Jedenfalls hat Kasimir sein Gewicht inzwischen mehr als verdoppelt«, stellte Nina zufrieden fest.

Der Igel kratzte nun fordernd an der Kartonwand und Alexander setzte ihn wieder ins Gehege. Kasimir strebte schnurstracks seinem Schlafhaus zu und verschwand darin.

Wandertag und ein unfreiwilliges Bad

Der nächste Sonntag machte seinem Namen alle Ehre. Nach einigen düster-nebligen Tagen strahlte die Herbstsonne und brachte die noch grünen Wiesen und die bunt gefärbten Blätter zum Leuchten. Die Luft war frisch und würzig.

Ihre beiden Schützlinge sollten sich mal ordentlich im Garten austoben, beschlossen die Kinder. Sie planten einen Kaninchen-Igel-Wandertag.

Emina tauchte im Keller auf und wurde lärmend begrüßt. Nur Jens verhielt sich weiterhin sehr zurückhaltend. Daran hatte sich Emina inzwischen gewöhnt. Von den drei anderen wurde sie jedes Mal umso herzlicher empfangen. Als sie das Kaninchen erblickte, bekam sie große Augen.

»Das – ist – ein – Kaninchen. Es – heißt – Mathilde, Mathi.« Alexander sprach langsam und machte nach jedem Wort eine kleine Pause.

Emina verstand. Sie betrachtete das Tier von allen Seiten und wiegte bewundernd den Kopf. »Gut, schön. Wie heißen?«

»Mathi.« Nina nahm ihre Hand und führte sie langsam über das weiche Kaninchenfell.

Jens hatte plötzlich Bedenken. »Ich weiß nicht, ob es gut ist, wenn der Igel am Tag im Garten herumläuft, wo er doch ein Nachttier ist.«

»Du bist gut«, sagte Alexander, »hast du schon mal erlebt, dass er den ganzen Tag schläft?«

»Ja, wirklich«, bestätigte Manuel, »unser Igel-Igel ist ein Tagtier. Vielleicht ändert sich das, wenn er ausgewachsen und älter ist.«

Kasimir wühlte und rumorte lautstark in seinem Pappkarton herum.

»Siehst du«, Nina lachte, »er gibt uns Morsezeichen, dass er hinauswill.«

Inzwischen hatte sich auch Fabian im Keller eingefunden. Die Kinder trugen die Tiere nach draußen und setzten sie auf den Rasen. Es sah fast aus wie der Start eines Wettrennens zwischen Hase und Igel, denn kaum hatten sie den Boden berührt, flitzten beide voller Tatendrang los.

Mathi nagte entzückt an saftigen Löwenzahnblättern, während Kasimir unter Beerensträuchern im

Laub herumtobte. Auf seiner Entdeckungsreise stieß Kasimir auf Mathi. Von beiden Seiten ein kurzes Testschnuppern – Geruch bekannt – keine Gefahr. Kasimir aber erinnerte sich wohl an das weiche Kaninchenfell. Er umrundete Mathi und zog die Kreise immer enger. Sie legte gerade eine kurze Fresspause ein und hockte behäbig mit rundem Buckel und halb geschlossenen Augen da. Eigentlich hieß das: »Lasst mich in Ruhe!« Aber diese Körpersprache verstand Kasimir offenbar nicht. Er näherte sich ihr mit Trippelschritten und legte sich auf einmal seitlich an ihre Schulter. Zuerst gerieten Mathis Schnurrhaare in rasendes Zittern, doch dann ließ sie Kasimir gewähren.

»Hat keiner von euch einen Fotoapparat da? Das ist ein sagenhaftes Motiv!«, rief Manuel.

»Ich könnte meinen holen«, sagte Alexander, »aber dann verpasse ich vielleicht etwas. Und ob die beiden so lange liegen bleiben?«

Die Frage wurde kurz darauf von der Häsin beantwortet. Sie erhob sich und untersuchte den Garten nach weiteren grünen Leckerbissen. Enttäuscht schnaufend lief Kasimir noch ein Stück hinter Mathi her, bis etwas unter einem Strauch seine Aufmerksamkeit erregte. Er hatte eine dicke Nackt-

schnecke entdeckt. Minutenlang rollte er sie gründlich auf der Erde hin und her.

Nina beobachtete, dass der Schleim der Schnecke durch das Wälzen im Sand abgerieben wurde. Komisch, entweder mochte Kasimir die Schnecke lieber »paniert«, überlegte sie, oder ein Instinkt sagte ihm, dass sie ohne diesen Schleim für ihn bekömmlicher sei. Nina beschloss im Igelbuch nachzulesen. Kasimir jedenfalls verputzte nun mit genießerischem Schmatzen den fetten Happen.

Eine Wespe surrte über den Igel hinweg. Er hielt inne, machte einen urkomischen verdrehten Hopser nach oben und blieb verdutzt stehen. Die Wespe flog unbehelligt davon, während Kasimir weitertippelte.

Die Kinder brachen in Gelächter aus. »Hast du das gesehen?« – »Der ist ganz schön gelenkig.« – »Aber hochspringen kann er nicht so toll.«

Kasimir hatte schon wieder anderes im Sinn. Eifrig untersuchte er einen Maulwurfshügel. Er kratzte und bohrte darin herum. Glück gehabt! Das Fundstück, ein mittelschwerer Wurm, verschwand im Igelmaul. In Frau Gelings Kräuterbeet machte er sich über einige Minzeblätter her. Es sah aus, als packte ihn aus unerfindlichen Gründen die Wut. Mit wilder

Entschlossenheit riss er die Blätter ab, warf sie umher, kaute sie durch und speichelte sie ein.

Plötzlich ertönte Fabians Ruf: »Wo ist denn das Kaninchen?« Verdutzt sahen sich die Kinder um.

»Mathi war doch gerade noch hier«, sagte Nina.

In einer Ecke des Gartens hatte Herr Geling neben dem Maschendrahtzaun einen Komposthaufen angelegt, der ringsum mit Brettern abgestützt war. Dahinter fand Jens das Kaninchen. Es war emsig dabei, ein Loch unter dem Zaun zu buddeln.

»Hier ist es!« Er packte das Tier am Nackenfell.

Alle schimpften mit Mathi, doch gleich darauf wurde sie von vielen Händen gestreichelt.

Kasimir wühlte sich weiter durch das Laub, bis er mit einem Mal vor dem Gartenteich stand. Das klare Wasser lud zum Trinken ein. Kasimir tippelte weiter, bis er an eine Stelle geriet, an der die Teichfolie nicht mit Pflanzen bedeckt war. Er kam ins Rutschen, vergeblich versuchte er sich mit seinen Krallen festzuhalten. Mit einem Plumps landete der Pechvogel im Wasser. Er paddelte instinktiv mit den Beinen und schwamm unter ängstlichem Schnaufen ausgerechnet auf die Teichmitte zu.

Emina entdeckte ihn. Nach einer Schrecksekunde lief sie, laut in ihrer Muttersprache rufend, zum

Teich. Die anderen Kinder schauten ihr bestürzt hinterher. Emina warf ihre Schuhe von sich und sprang ins Wasser.

»Die ist übergeschnappt!«, meinte Jens. Doch im nächsten Augenblick drückte er Fabian das Kaninchen in die Arme und rannte ebenfalls los. Jetzt kapierten auch Nina, Alexander und Manuel, worum es ging. Sie eilten Jens erschrocken nach und blieben am Teichrand stehen.

Jens stand mit einem Bein im Teich und stützte den anderen Fuß auf den Rand. Er streckte Emina hilfreich eine Hand entgegen und half ihr und Kasimir aufs Trockene. Die Kinder schwatzten aufgeregt durcheinander.

Anerkennend klopfte Alexander Emina auf die Schulter. »Kasimir kann zwar ganz gut schwimmen. Aber wie lange er das noch durchgehalten hätte und ob er allein wieder herausgekommen wäre, darüber denke ich lieber nicht nach.«

Manuel fügte mit einem Seufzer hinzu: »Sie hat Igel-Igel tatsächlich zum zweiten Mal gerettet.«

»Danke, Emina!«, rief Nina.

Der Trubel machte die Igelretterin verlegen. Um von sich abzulenken, befreite sie Kasimir aus ihrem Pullover und setzte ihn auf den Rasen. Er schüttelte

sein Stachelkleid, dass es ordentlich raschelte, und wollte sich sogleich wieder munter auf den Weg machen. Doch die strahlende Herbstsonne war hinter einer grauen Wolkenwand verschwunden. Es wurde so kühl, dass die Kinder beschlossen, ihre beiden unternehmungslustigen kleinen Freunde ins Haus zurückzubringen.

»Zieh dir lieber andere Sachen an«, wandte sich Manuel an Jens. Doch der winkte mit einem Blick

auf den Schuh und sein tropfendes Hosenbein gleichgültig ab. »Das trocknet wieder.«
Nina sah, dass Emina in ihrer nassen Hose fröstelte, und stupste Alexander.
»Kommt mit! Ich habe eine Jeans für Emina«, bot er an.
Schnell war Emina umgezogen. Nina merkte, wie erleichtert das Mädchen war.

Igel-Überraschungen

Es war erstaunlich, wie zügig Kasimir in der nächsten Zeit an Gewicht zunahm. Nina und Alexander, die für das Wiegen zuständig waren, konnten alle zwei bis drei Tage eine Zunahme von mindestens zwanzig bis dreißig Gramm in das »Igelgewicht-Büchlein« eintragen. Kasimir mochte das Wiegen allerdings nicht besonders. Er ruderte wild mit den Beinen, sträubte seine Stirnstacheln und schnaufte verärgert. Ab und zu grub er auch seine spitzen Zähne in einen der Finger, die ihn hielten.
Eines Tages hatte Nina einen Einfall. Um den Igel abzulenken, schlug sie Alexander vor, ein paar Mehlwürmer in die Waagschale zu legen.

94

»Die müssen wir aber von Kasimirs Gewicht abziehen«, gab Alexander zu bedenken.

Nina prustete los: »Du Witzbold, die paar Dinger wiegen doch nichts.«

Die Idee erwies sich als hilfreich. Sie mussten nur sehr schnell Kasimirs Gewicht ablesen, weil er die Leckereien mit rasanter Geschwindigkeit verschlang. Danach sah er sie mit blanken Knopfaugen an, als wollte er um Nachschub bitten.

Alexander grinste. »Nein, Igel-Igel, das wars!«

Kasimir strampelte nun so heftig und ungeduldig, dass die Waagschale bedenklich schwankte. Nina hob ihn heraus. Kaum auf dem Arm, wollte er auch schon unter ihre Strickjacke, wo es warm und dunkel war – ganz nach Igelgeschmack.

»Oh«, sagte sie, »Alexander, er hat in der Waage etwas hinterlassen. Wasch die Schale rasch aus, bevor deine Mutter kommt. Aber gründlich!«

Das milde Herbstwetter wurde von einer plötzlichen, scharfen Frostperiode abgelöst. Obwohl er im geschützten Haus lebte, schien Kasimir den Wetterumschwung zu fühlen.

»Der schläft mehr als sonst«, bemerkte Alexander. »Vielleicht fällt er jetzt in den Winterschlaf.«

»Das wäre aber schlecht für ihn«, sorgte sich Nina, »dafür wiegt er noch zu wenig.«

Doch Manuel beruhigte sie: »Unbedingt nötig ist der Winterschlaf für ihn nicht. Er kann sich bei uns ruhig bis zum Frühjahr durchfressen.«

Das schien Kasimir auch vorzuhaben. Sein Appetit war ungebremst und sein Durst ebenfalls.

In der Nacht wurde Alexander von einem eigenartigen Geräusch geweckt. Erschrocken setzte er sich im Bett auf und lauschte. Versuchte da jemand in ihr Haus einzubrechen? Ihm fiel ein, dass die Eltern zu einer Einladung weggegangen waren. Es könne spät werden, hatten sie gesagt und für alle Fälle eine Telefonnummer hinterlegt, unter der sie zu erreichen waren.

Im Augenblick war alles still. Nur Fabians leises Schnarcheln und das Ticken des Weckers waren zu hören. Aber da – wieder dieses unheimliche Geräusch. Alexander konnte nicht genau bestimmen, woher es kam. Eine Gänsehaut kroch über seinen Rücken. Um ans Telefon zu kommen, müsste er in die Diele schleichen. Ob er gleich die Polizei anrufen sollte? Er könnte auch rasch eine Treppe höher laufen und Lillis Eltern alarmieren. Doch dann

müsste er seinen kleinen Bruder allein lassen, der tief und fest schlief und keine Gefahr ahnte.

Mit einem Blick auf das erleuchtete Zifferblatt der Uhr stellte er fest, dass Mitternacht gerade vorbei war. Er setzte sich auf die Bettkante. Die augenblickliche Stille beruhigte ihn nicht. War da nicht ein Schleifen auf dem Fußboden? Doch nein – jetzt war wieder ein dumpfes Rappeln zu hören.

Alexander nahm seinen ganzen Mut zusammen, verließ leise das Zimmer, schlich auf Zehenspitzen zur Wohnungstür und öffnete sie einen Spaltbreit. Das unheimliche Geräusch schien aus dem Keller zu kommen. Aus dem Keller? Wie sollte dort jemand einbrechen? Es gab nur vergitterte Fenster. Alexander war nahe daran, unter seine Bettdecke zurückzuhuschen.

Plötzlich beschlich ihn eine Ahnung. Er gab sich einen Ruck, trat leise aus der Wohnung und machte das Licht zu der breiten Kellertreppe an.

Im Schlafanzug und barfuß tappte er hinunter. Nun vernahm er es ganz deutlich. Das Rumpeln kam aus dem Igel-Keller.

Langsam drückte er die Türklinke hinunter. Seine Hand fuhr zum Lichtschalter und der ganze Raum war von Helligkeit erfüllt.

Ein erleichtertes Lächeln huschte über Alexanders Gesicht. Von Einbrechern keine Spur, doch ein Blick in den großen Karton zeigte ihm, dass dort ein totales Chaos herrschte. Die Papierlage war zu einem wüsten Haufen zerrissen. Das Trinkschüsselchen lag umgekippt am anderen Ende des Igelgeheges. Die Futterschüssel war in die Mitte gerutscht und halb von Papierfetzen verdeckt. Selbst das Schlafhaus befand sich nicht mehr an seinem Platz. Kasimir aber stand hoch aufgerichtet, stemmte seine Pfoten gegen die Kartonwand und fauchte wütend.

»Das gibt es doch nicht!«, stammelte Alexander. »Du bist vielleicht ein Racker! Machst hier Randale, dass es ein Stockwerk höher noch zu hören ist und man vor Schreck fast aus dem Bett fällt. Was fange ich denn jetzt mit dir an?«

Kasimir machte einen ausgesprochen schlecht gelaunten Eindruck. Was ihn so wütend gemacht hatte, würde Alexander wohl nicht erfahren. Er nahm das Tier aus dem Gehege, setzte es in seine Armbeuge und kraulte ihm sanft den Bauch. Das schien den Igel zu beruhigen. Er streckte sich lang aus. Dann fielen ihm die Augen zu.

Da stand nun Alexander mitten in der Nacht im

Keller. Er begann zu frösteln und merkte, wie müde er war, nachdem die Aufregung von ihm abgefallen war. Sollte er Kasimir einfach wieder in das Durcheinander setzten, das er selbst angerichtet hatte? Er sah auf den leise schnarchenden Igel. Der machte es sich einfach. Spielte hier das nachtaktive Tier, um dann selig und süß zu schlummern. Einen Augenblick lang erwog Alexander, Kasimir mit nach oben in sein Zimmer zu nehmen. Aber nein, das fangen wir gar nicht erst an, rief er sich selbst zur Ordnung. Igel lernen schnell. Wenn Kasimir erst einmal herausfand, wie er seinen Willen bekam, musste Alexander womöglich auch noch nachts Kindermädchen spielen.

Im linken Arm den schlafenden Igel, räumte er mit der rechten Hand so gut es ging den Karton auf. Das Schlafhaus kam wieder an seinen Platz.

Im Wandregal bewahrte Frau Geling einen Stoß sauberer Staubtücher auf. Einer Eingebung folgend nahm Alexander einen der Lappen. Er legte Kasimir vorsichtig in das Schlafkästchen und deckte ihn mit dem weichen Tuch behutsam zu. Vielleicht gefiel ihm das.

In der Tür drehte sich Alexander noch einmal um. Von Mathilde war nichts zu sehen. Sie hatte einen

besseren Schlaf als ihr Zimmergenosse oder sie hatte das lärmende Tohuwabohu ganz einfach nicht beachtet.

»So, Igel-Igel, nun schlaf! Dass ich wegen deinem Radau solche Angst gehabt habe, bleibt aber unter uns, verstanden?« Er grinste und machte, dass er wieder in sein warmes Bett kam.

Sorge um Mathi

»Du, Alexander, ich glaube, mit Mathi stimmt was nicht.« Nina betrachtete das Tier besorgt.

Alexander blieb stehen. Auf seinen Armen trug er einen Packen frischer Zeitungen für Kasimirs Behausung. »Was soll denn mit ihr sein?«

»Na, guck sie dir doch mal genau an.«

Die Kaninchendame hockte mit gekrümmtem Buckel neben ihrem Ruheplatz auf den kühlen Bodenfliesen.

»Sie hat so einen komisch dicken Bauch. Das Trockenfutter hat sie nicht aufgefressen und in der Klokiste ist auch kaum etwas.«

Alexander lud den Zeitungsstapel neben dem Igelkarton ab. Langsam ging er auf das Kaninchen zu.

100

»Sie ist auch so ruhig«, fuhr Nina fort. »Sonst hoppelt sie doch immer herum.«

»Ja, sie benimmt sich wirklich anders als sonst«, stimmte Alexander zu. »Vielleicht sollten wir morgen mal mit ihr zum Tierarzt gehen? Jetzt ist die Praxis wohl schon zu.«

Nina schüttelte den Kopf. »Erstens müssen wir morgen Vormittag zur Schule, zweitens ist morgen Mittwoch, da hat der Tierarzt nachmittags keine Sprechstunde. Und drittens könnte es für Mathi schon zu spät sein, wenn sie richtig krank ist. Wir müssen uns schnellstens etwas anderes überlegen.«

»Okay, dann laufe ich rüber zu Frau Schulz. Die soll sich das Kaninchen mal ansehen.« Dann fiel ihm etwas ein. »Moment mal!« Er öffnete die Tür und rief seinen Bruder.

Fabian erschien. »Was ist denn?«

Alexander sah ihn eindringlich an. »Hast du Mathi gestern oder heute etwas anderes zu fressen gegeben als sonst? Du hattest doch Futterdienst.«

»Was ist denn mit ihr?«

»Kann sein, dass sie krank ist. Also?«

»Ich habe ihr nur das Trockenfutter gegeben. War das falsch? Mutti hatte keinen Salat im Haus. Und draußen war ja alles gefroren.«

101

Alexander wiegte den Kopf. »Tja, keine Ahnung. Mal sehen, was Frau Schulz meint.«

Oben in der Diele prallte er beinahe mit seiner Mutter zusammen.

»Holla, junger Mann! So eilig? Wo brennts denn?«, rief sie lachend.

»Mit dem Kaninchen stimmt etwas nicht. Ich will Frau Schulz fragen. Sie sollte mal rüberkommen. Hoffentlich ist sie da.«

Alexander flitzte nach nebenan und klingelte. Niemand öffnete. Er versuchte es erneut. Vielleicht war Frau Schulz gerade im Keller und hörte die Türglocke nicht sofort. Es rührte sich jedoch nichts. Auch ihr Auto stand nicht in der Garageneinfahrt. Enttäuscht ging Alexander wieder zurück. Fabian kam ihm mit fragendem Blick entgegen.

»Sie ist nicht zu Hause. Du passt jetzt am Küchenfenster auf. Sobald Frau Schulz kommt, rufst du mich. Klar?«

Fabian nickte und ging bereitwillig ans Fenster. Normalerweise wehrte er sich heftig, wenn ihm sein Bruder solche Befehle gab. Doch jetzt ging es um »seine« Mathi und er fügte sich wortlos.

Es dauerte keine Viertelstunde, als er das Auto von Frau Schulz um die Ecke biegen sah.

»Sie kommt!«, schrie er so laut, dass seine Mutter erschrocken zusammenfuhr. »Meine Güte! Muss das sein?«, rief sie ungehalten.

Fabian rannte schon die Kellertreppe hinunter. Er riss die Tür zum Igelraum auf.

Um nicht auch noch die beiden Tiere zu erschrecken, bremste er sich und sagte mit verhaltener Stimme: »Sie ist da!«

Frau Schulz war bepackt mit Einkaufstaschen. Alexander lief ihr entgegen, Fabian im Schlepptau. »Hallo, Frau Schulz! Kann ich Ihnen helfen?«

»Oh, gerne«, meinte sie erfreut. »Im Auto ist noch ein kleiner Karton. Den kannst du holen.«

Als sie alles in der Küche abgeladen hatten, fragte sie: »Nun, wie macht sich Mathilde? Hat sie sich gut eingelebt?«

Alexander scharrte mit der Schuhspitze über den Boden. Fabian stand kleinlaut daneben.

»Tja, deshalb bin ich – äh – sind wir gekommen. Mathi benimmt sich so komisch. Könnten sie mal nachsehen, ob sie vielleicht krank ist?«

»Natürlich! Ich komme sofort mit euch. Eine Tierärztin bin ich zwar nicht, aber über Kaninchen weiß ich einiges.« Sie prüfte mit einem Blick die abgestellten Einkaufsbeutel und winkte dann ab.

»Ich räume die Sachen nachher ein. Das hat Zeit. Kommt!«

Vor der Tür zum Igel-Keller, die mit einem Plakat versehen war, blieb Frau Schulz stehen. Lächelnd bestaunte sie die großen, schwarzen, exakt ausgeführten Buchstaben:

Vorsicht!
Manchmal frei laufende oder schlafende Tiere!
Tür leise öffnen und Augen auf
beim Betreten des Kellers!

Das Plakat war mit bunten Blumenmotiven und den Zeichnungen eines Igels und eines Kaninchens geschmückt.

»Sehr hübsch!«, lobte Frau Schulz. »Wer hat denn das gemacht?«

»Manuel hat es geschrieben und Jens kann ganz gut malen«, gab Alexander neidlos Auskunft.

»Ich habe auch drei Blumen gemalt«, berichtigte Fabian stolz.

Als sie den Raum betraten, ließ Alexander rasch seine Blicke über den Fußboden schweifen. Er atmete auf.

Keine Mehlwurm-Ausreißer zu sehen! Wer weiß,

was Frau Schulz dazu gesagt hätte. Sie war jedoch schon vor dem Kaninchen in die Hocke gegangen, lächelte Nina zur Begrüßung zu und hatte dann nur noch Augen für das Tier. Drei Augenpaare blickten gespannt auf Frau Schulz.

»Nun«, sagte sie nachdenklich, »ich glaube nicht, dass das Kaninchen eine Infektion oder etwas Schlimmes hat. Leider habe ich noch nie Fieber gemessen. Ich will es nicht unnötig quälen. Aber«, sie befühlte vorsichtig den aufgetriebenen Leib, »ich nehme an, es hat Verstopfung. Das kann passieren, wenn man plötzlich von Grün- auf Trockenfutter umstellt. Das habt ihr wohl getan, nicht wahr?«

Fabian nickte mit Tränen in den Augen. »Ich wusste ja nicht …«

Sie legte tröstend den Arm um seine Schultern. »Mach dir mal keine übertriebenen Sorgen. Das kriegen wir schon hin. Zuerst bekommt Mathilde lauwarmes Trinkwasser.«

»Bin schon unterwegs!«, rief Alexander eifrig.

»Halt!«, stoppte Frau Schulz ihn. »Sie braucht außerdem von jetzt an täglich saftige Möhren, Salatblätter und Apfelstückchen oder Apfelschalen. Dafür müsst ihr sorgen. Wenn deine Mutter nichts im Haus hat, kann ich aushelfen.«

Fabian schaltete sich schniefend ein: »Wenn es draußen nicht mehr friert, kann ich auch Löwenzahn suchen. Den mag sie nämlich gerne.«

Frau Schulz nickte. »Ja, das stimmt.«

Alexander kam mit einem Tablett zurück, auf dem ein Schälchen mit warmem Wasser stand. Außerdem hatte er eine große Möhre, einen Apfel und etwas Feldsalat mitgebracht.

»Leg nicht zu viel auf einmal hin, sonst wird es welk«, riet Frau Schulz. »Es ist besser, wenn sie kleine, frische Portionen bekommt.«

Sie rückte die kleine Wasserschüssel vor das Kaninchen. Mathilde leckte lustlos ein wenig Wasser auf. Mehr Interesse weckten die Salatblätter und die Möhre. Langsam sie begann zu knabbern. Die Kinder sahen sich erleichtert an.

»Das ist ein gutes Zeichen. Ich hoffe, dass meine Diagnose richtig war. Gebt ihr in den nächsten Tagen abwechslungsreiches Grünfutter. Etwas Heu wäre ebenfalls gut. Es fördert die Verdauung.«

Nina holte aus einem Netz, das an der Decke hing, eine Hand voll duftendes Heu.

Frau Schulz erhob sich. »Fürs Erste ist jetzt alles getan. Beobachtet sie weiterhin genau. Bewegung hat sie hier ja genug. Das ist auch wichtig. Morgen

wird sie sicher wieder ganz munter herumhop-
peln.« Sie sah sich suchend um. »Wo ist denn euer
Igel?«

Die Spannung war gewichen. Mit Besitzerstolz
blickten sich die Kinder um. »Der ist doch eben
noch hier herumgelaufen.«

»Kasimir hat sich sogar schon ein wenig mit Mathi
angefreundet«, erzählte Alexander.

»Aber vorhin hat sie ihn mit dem Maul wegge-
drückt«, berichtete Nina. »Da wollte sie in Ruhe gelassen werden.«

Während es sich Fabian neben dem Kaninchen bequem machte, suchten Nina und Alexander den
Raum nach dem Igel ab.

»Der Frechdachs steckt nämlich seine neugierige
Nase in alle Ecken und Öffnungen und wir müssen
ihn erst wieder herauslocken«, sagte Alexander und
lachte. »Manchmal liegt er auch einfach irgendwo
und schläft.«

»Sei mal still.« Nina lauschte. »Komisch, sonst
hört man ihn entweder herumwurstln oder schnar-
chen. Wo steckt er denn bloß wieder?«

Frau Schulz schnäuzte sich. »Lasst nur! Ich sehe
ihn sicher mal bei einer anderen Gelegenheit. So,
ich gehe jetzt, sonst kitzelt das Kaninchenfell mei-

ne Nase. Diese dumme Allergie! Solltet ihr mich wieder brauchen, könnt ihr mich jederzeit rufen. Wenn es dem Kaninchen allerdings morgen noch nicht besser geht, müsst ihr es wohl doch zum Tierarzt bringen.«

Als Alexander an diesem Abend eine Stunde nach seinem Bruder schlafen ging, bemerkte er, dass

Fabian noch wach war. Sonst schlief der Kleine ein, sobald er nur das Kopfkissen berührte. Jetzt warf er sich unruhig im Bett hin und her.

»Schläfst du nicht?«, fragte Alexander leise.

»Nein, ich kann nicht.«

»Denk an was Schönes.«

»Geht nicht. Ich muss immer an Mathi denken«, kam es kläglich unter der Decke hervor.

»Keine Angst«, meinte Alexander. »Mathi ist morgen bestimmt wieder so munter wie ein Fisch im Wasser – äh, ich meine, wie ein Kaninchen auf der grünen Wiese.« Er drehte sich auf die Seite und schlief sofort ein.

Fabian angelte sich sein Lieblingsschmusetier, eine längst unansehnlich gewordene Stoffmaus, von der er sich nicht trennen mochte. Er nahm sie fest in den Arm und wenig später schlief auch er getröstet ein.

Straßenspiele

Ächzend hantierte Alexander an seinen Inline-
skates. Er fuhr noch unsicher. Doch schon bald
wollte er sich genauso flott darauf bewegen können
wie Nina, Manuel und Jens. Er bückte sich und griff
nach dem Hockeyschläger, den er aus einem alten
Spazierstock gebastelt hatte. An der nächsten
Straßenkreuzung traf er Manuel und Jens, die eben-
falls mit ihren Skates unterwegs waren.
»He, Alexander«, rief Manuel und winkte, »willst
du heute ins Tor?«
»Nee, das kann ich noch nicht.«
Jens zog einen Tennisball aus der Hosentasche.
»Hast du einen neuen Schläger?«, fragte Alexander
und betrachtete Jens' blau-weißen Kunststoff-
schläger.
»Ja, heute gekriegt. Original für Streethockey.«
»So einen wollte ich mir auch kaufen. Ich hatte
schon dafür gespart. Aber leider …«
»Was war denn?«, fragte Manuel.
»Och, der Ball, den ich meinem Bruder zuschießen
wollte, hat leider eine Vase erwischt. Meine Mutter
fand das gar nicht komisch und nun muss ich die
Vase von dem gesparten Geld bezahlen.«

»Ist deine Mutter so streng?«

»Na ja, sie hatte uns ausdrücklich verboten im Wohnzimmer Ball zu spielen.«

»Ich wünsche mir einen richtigen Hockeyschläger zu Weihnachten. Mach das doch auch«, schlug Manuel vor.

»Gute Idee! Das sind ja nur noch ein paar Wochen. So lange tut es dieser Stock hier. Wo bleibt denn Nina, die wollte doch mitspielen?«

»Sie muss sich auch noch einen Schläger besorgen. Eigentlich könnte sie im Tor stehen. Sie fährt am besten von uns. Bis sie da ist, bin ich Torhüter, dann können wir schon mal anfangen.« Manuel rollte auf die beiden Holzklötze zu, die das Tor bildeten.

Plötzlich tauchte der kleine, schwarze Wuschelhund aus der Nachbarstraße auf. Mit großen Sätzen sprang er verspielt auf einen der beiden Klötze zu, packte ihn und versuchte ihn wegzuschleppen.

»He, lass unsere Torpfosten liegen!«, rief Manuel. Doch jetzt hatte der Wuschel das Holz fest zwischen seinen Zähnen. Mit hoch erhobenem Kopf trabte er mit seiner Beute davon, verfolgt von den drei Jungen auf ihren Skates. Mit Geschrei versuchten sie dem Dieb das stibitzte Holz abzujagen. Spaß machte das!

Da kam ihnen Nina auf dem Fahrrad entgegen. Sie stoppte. »Was wollt ihr denn von dem Hund?«

»Er hat unseren Torpfosten geklaut.« Die Jungen hielten vor dem Rad.

»So ein Frechdachs! Aber ich glaube, wir bekommen unseren Klotz wieder. Er hat ihn schon fallen lassen. Übrigens, seht mal, ich habe von meinem Vetter Klaus einen alten Hockeyschläger geschenkt bekommen.«

»Super, dann kann es ja losgehen!«, rief Jens.

»Ich muss euch aber noch etwas berichten«, sagte Nina. »Stellt euch mal vor, der Nachbar meines Vetters hat eine richtige Igel-Station. Als ich Klaus von Kasimir erzählt habe, ist er gleich mit mir zu diesem Herrn Pfeifer gegangen. Kaum zu glauben, wie der Mann wohnt. In der Eingangsdiele, im Wohnraum und in einem Schuppen, überall stehen große Kartons herum und in jedem ist ein Igel drin. Außerdem hat er drei Katzen, die über Tische und Stühle springen. Es riecht ziemlich merkwürdig bei ihm.«

»Das würde ich mir gerne mal ansehen«, meinte Alexander.

»Herr Pfeifer ist in seiner Wohngegend sehr bekannt«, berichtete Nina weiter. »Wenn jemand

einen jungen, verlassenen oder kranken Igel findet,
bringt er ihn dorthin. Klaus meinte, sein Nachbar
könne nie Nein sagen und dadurch werden es immer mehr. Er kennt sich sehr gut mit Igeln aus.«

»Unseren Kasimir kriegt er aber nicht!«, ereiferte
sich Jens.

»Das ist doch klar«, beruhigte Nina ihn. »Jedenfalls
hat er mir ein paar gute Tipps gegeben.«

»Etwas, was wir noch nicht wissen?«

»Er erkundigte sich, ob wir unser Igelkind auf In-
nenpara …, hm, wie hieß das noch?«

»Parasiten«, ergänzte Manuel.

»Ah ja, richtig!« Nina lachte. »Ob er von einem
Arzt untersucht worden sei. Die meisten Igel hätten
solche schädlichen Dinger in sich.«

»Wir können ihn ja mal zum Arzt bringen«, schlug
Jens vor.

»Pah, weißt du, was das kostet?«, wandte Alexander ein. »Erkundige dich doch lieber mal bei dem
Mann, wie wir das bei Kasimir feststellen können.«

»Das ist die Idee«, sagte Nina. »Wir bringen Kasimir zu Herrn Pfeifer.«

»Wie bitte?«, fauchte Jens.

»Nur damit er ihn mal ansieht«, stellte Nina klar.
Weil den Jungen außer einem »Hm« nichts einfiel,

fügte sie hinzu: »Herr Pfeifer sagte auch, es sei nicht gut, wenn der Igel zu vertraut mit uns wird. Wir müssen ihn doch im Frühjahr wieder aussetzen. Und dann muss er ganz allein zurechtkommen.«

»Aber bis dahin braucht er uns«, sagte Manuel.

»Ja, bis zum Frühjahr ist es noch lang, und es schadet sicher nichts, wenn er sich bis dahin bei uns wohl fühlt«, bekräftigte Jens.

»Ich habe nur erzählt, was der Mann mir gesagt hat«, erwiderte Nina beleidigt.

»Wie wäre es denn, wenn jeder von uns mal das Igelbuch gründlich durchlesen würde?«, bemerkte Manuel trocken.

»Los, kommt jetzt!« Alexander wollte das aufkommende Unbehagen beenden. »Nina, wir brauchen dich im Tor. Zieh deine schnellen Schuhe an und probier gleich den Schläger aus. Mal sehen, was du heute draufhast.«

Besuch beim Arzt

Herr Geling verfolgte gerade eine Talkshow im Fernsehen. Alexander ließ sich neben ihm aufs Sofa fallen.

»Was ist? Hast du etwas auf dem Herzen?«, fragte der Vater.

Alexander druckste herum. Sein Vater betätigte die Fernbedienung. Jetzt klappten die Münder der Menschen auf dem Bildschirm tonlos auf und zu.

»Nun?«

»Papa, könntest du uns helfen, mal ein oder zwei Besuche beim Tierarzt zu bezahlen? In unserer Igel-Kasse ist gerade Ebbe. Was von unserm Taschengeld hereinkommt, geht für Futter drauf. Weißt du, wir müssen den Igel gegen Lungenhaarwürmer behandeln lassen.«

»Wie?« Der Vater war verblüfft. »Woher weißt du, dass Kasimir solche Würmer hat?«

»Das steht klar und deutlich in unserem Igelbuch. Fast alle Igel haben Innenparasiten, durch die sie krank werden können. Man muss sie dagegen behandeln lassen. Und Herr Pfeifer hat auch danach gefragt.«

»Wer ist denn Herr Pfeifer?«

115

Alexander erzählte von Ninas Besuch auf der Igel-Station.

»Ja, wenn das so ist!« Sein Vater schmunzelte. »Dann muss ich wohl für einen Not leidenden Igel und seine Betreuer in die Tasche greifen. Geht zu Doktor Decker in Steinheim. Den kenne ich vom Sportverein her. Sagt ihm, er soll die Rechnung an mich schicken.«

»Papa, du bist schwer in Ordnung! Danke!«

Alexander sprang auf. Gleich morgen Nachmittag wollte er mit Kasimir den Arzt in Steinheim aufsuchen.

Es wurde ein Gruppenausflug. Jens, Manuel und Nina bestanden darauf, Kasimir zum Tierarzt zu begleiten. Alexander packte den Igel in einen warm ausgepolsterten Karton, der mit einer Regenhaut gegen die Nässe abgedeckt wurde. Nina hatte einen Fahrradkorb an ihrem Rad, dort wurde der Karton hineingestellt.

Es war ein milder Dezembertag. Nach einer Viertelstunde erreichten die vier Radler die Tierarztpraxis. In dem voll besetzten Wartezimmer waren nur noch zwei Stühle frei. Alexander setzte sich und hielt den Igel-Karton auf den Knien. Nina nahm neben ihm

116

Platz, während Manuel und Jens sich zu beiden Seiten an die Wand lehnten.

»Das kann ganz schön dauern«, flüsterte Jens und ließ den Blick über vier Hunde und ihre Begleiter schweifen. Neben Nina saßen zwei Frauen, jede mit einem Katzenkorb auf dem Schoß.

Nina zuckte die Schultern. »Du wolltest ja unbedingt mitkommen.«

»Sei ruhig, Dino! Mach schön Platz!« Das junge Mädchen neben Manuel strich ihrem hübschen, hellbraun-weiß gefleckten Münsterländer über den Kopf.

Manuel ging in die Hocke. Er hielt dem Tier die Hand hin. Es schnupperte neugierig daran.

»Darf ich ihn streicheln?«, fragte Manuel. Das Mädchen nickte. Manuel kraulte den Hund hinter den Ohren. Dieser bedankte sich, indem er seinen Kopf Manuels Gesicht näherte und mit seiner rosa Zunge blitzschnell darüber wischte.

»Igitt! Ich habe mich heute schon gewaschen«, prustete Manuel.

Alexander, Nina und Jens kicherten und auch die anderen Wartenden lachten.

Alexander hob den Igel-Karton hoch und lauschte. Kasimir schien es in der ungewohnten Behausung

nicht zu gefallen. Er raschelte und fuhrwerkte ärgerlich darin herum. Nina beugte sich herüber und hob den Deckel ein wenig an. Sie redete beruhigend auf den Igel ein. Mit zwei Fingern fuhr sie über seine glatten Stacheln. Da packte er mit dem Maul ihre Fingerkuppe und beknabberte sie sanft.

»Hast du einen Vogel?«, fragte eine der Frauen mit Katzenkorb Alexander.

Seine Freunde glucksten. Jens tippte sich an die Stirn und raunte: »Oh Mann, den Verdacht habe ich schon lange.«

Alexander verpasste Jens einen Rippenstoß.

Die Frau korrigierte ihre Frage: »Ich meine einen Vogel in dem Karton.«

Vierstimmig kam die Antwort: »Nein, einen Igel.«

»Na so etwas! Einen Igel?« Die Katzenbesitzerin reckte den Kopf. Auch die anderen Wartenden schauten interessiert.

Das junge Mädchen fragte: »Müsste der Igel jetzt nicht eigentlich Winterschlaf halten?«

»Nicht unbedingt«, antwortete Alexander. »Wir haben ihn im Herbst gefunden. Er war zu klein und zu schwach, um den Winter draußen zu überleben. Wir betreuen ihn, bis er kräftig genug ist, um allein zurechtzukommen.«

118

»Finde ich toll«, sagte das Mädchen. »Darf ich ihn mal sehen?«

Alexander lüpfte den Kartondeckel ein wenig, und Kasimirs glänzende, feuchte Nase erschien.

»Oh, der ist ja niedlich!«, rief das Mädchen.

Die Freunde saßen mit stolzen Mienen da.

Ein Mann mit einem Schäferhund wurde nun von der Arzthelferin ins Sprechzimmer gebeten. Doch der Hund stemmte sich knurrend gegen die Leine. Sein Herr tätschelte ihn und versuchte ihn mit beschwörenden Worten zu überreden. Die Arzthelferin hielt ihm einen Hundekuchen hin. Als er den Happen mit aller Vorsicht annahm und abgelenkt war, stülpte sie ihm rasch einen Maulkorb über. Der Schäferhund gab seinen energischen Widerstand auf und ließ sich von seinem Besitzer in das Behandlungszimmer ziehen.

»Puh, da haben wir es einfacher«, stellte Nina fest.

Die Anzahl der Wartenden verringerte sich. Nach den Kindern waren nur noch zwei Frauen mit kleinen Hunden gekommen.

Nun war die Reihe an Kasimir. Als die vier Kinder aufsprangen und ins Sprechzimmer drängen wollten, rief die Arzthelferin: »Halt! Halt! Ihr könnt doch nicht alle mit rein!«

Alexander schob das Kinn vor und sagte bestimmt: »Wir gehören zusammen.«

Sie sah unschlüssig von einem zum anderen, als Doktor Decker um die Ecke bog. »Was ist denn das für ein Aufgebot?«, meinte er schmunzelnd. »Bei so vielen Begleitern muss der Patient ja mindestens ein Elefant sein. Also, herein mit euch!«

Alexander hielt ihm den Karton hin: »Tag, Herr Doktor! Ich bin Alexander Geling, das sind meine Freunde und das«, er hob den Deckel des Kartons hoch, »ist unser Igel Kasimir.«

»Also kein Elefant!« Der Arzt lachte.

»Mein Vater hat uns zu Ihnen geschickt.«

»Ah, du bist also der Sohn meines Sportfreundes?«

»Ja, und er bezahlt auch die Behandlung«, fügte Alexander hinzu.

»Soso. Was fehlt denn dem Igel? Er macht einen recht ordentlichen Eindruck.«

Alexander berichtete, wann und in welchem Zustand sie Kasimir gefunden hatten.

»Und er hat in der ganzen Zeit prima zugenommen und ist sehr munter«, ergänzte Nina.

»Aber jetzt wollen wir ihn vorsichtshalber gegen Lungenwürmer behandeln lassen. Falls er welche hat«, schaltete sich Manuel ein.

Der Arzt sah die Kinder über den Rand seiner Brille an: »Habt ihr eine Kotprobe mitgebracht?«

Alle vier schüttelten den Kopf.

»Dann wollen wir den kleinen Kerl mal wiegen.«

Von Nina ließ sich Kasimir inzwischen recht geduldig wiegen. In der Arztpraxis auf der fremden Waage aber passte ihm das überhaupt nicht. Obgleich ihm alle gut zuredeten, stellte er ärgerlich seine Stirnstacheln auf, schnaufte empört und trat mit seinen Beinen auf der Stelle, sodass der Zeiger der Waage unentschlossen zitterte.

In Griffweite lag auf einer Metallschale eine Verbandsschere. Manuel nahm sie in die Hand und ließ sie klirrend in die Schale fallen.

Kasimir rollte sich blitzschnell zu einer Kugel zusammen und wartete regungslos darauf, dass die Gefahr vorübergehen möge.

»Sechshundertfünfzehn Gramm«, sagte die Arzthelferin und notierte das Gewicht.

Doktor Decker grinste. »Ganz schön raffiniert! Von euch kann ich noch Tricks lernen.«

»Ja, passen Sie mal auf!« Alexander hielt seinen Geldbeutel vor die Stachelkugel. Interessiert schob Kasimir die kleine Nase vor. Die Stacheln glätteten sich und er begann an dem Leder zu knabbern.

»Er ist nämlich ein Lederfan«, gab Jens Auskunft.
»Köstlich!«, amüsierte sich der Arzt. Dann gab er seiner Helferin einige Anweisungen. Sie holte eine Spritze und zog sie auf.

»Tut ihm das nicht weh?«, fragte Nina.

Doktor Decker beruhigte sie: »Das geht ganz schnell. Er merkt nicht viel davon. Nur ein klitzekleiner Piks. Du kannst ihn ja festhalten, als meine Assistentin.«

Nina nahm Kasimir und trug ihn zum Behandlungstisch. Vertrauensvoll saß er in ihren Händen.

Der Arzt setzte die Spritze in das hintere Drittel des Rückens. »So, das wars schon. In zwei Tagen müsst ihr noch mal wiederkommen. Dann bekommt er eine zweite Spritze.«

Nina hatte bei Kasimir nur ein ganz leichtes Zusammenzucken gespürt.

Die Kinder atmeten auf. Ihr Schützling durfte wieder in seinen Karton.

Doktor Decker hielt Alexander eine Medikamentenschachtel hin. »Von diesen Tabletten müsst ihr an fünf aufeinander folgenden Tagen je eine in Kasimirs Futter geben.«

Der Arzt reichte allen vieren freundlich die Hand. Als sie hinausgingen, meinte er noch: »Ihr betreut

den Igel offenbar sehr gut. Er hat beste Chancen durchzukommen. Doch lasst ihn nicht zu vertraut mit euch werden.«

»Der Arzt ist unheimlich nett«, sagte Nina, als sie zu ihren Fahrrädern gingen.

Das fanden die Jungen auch.

Ein Unfall

Sie bestiegen ihre Räder und machten sich auf den Heimweg. Es begann bereits zu dämmern, und Manuel schlug vor, die Abkürzung über einen asphaltierten Feldweg zu nehmen.

Sie fuhren hintereinander, Manuel an der Spitze, dahinter Jens und Nina, zum Schluss Alexander. Manuel drehte sich um und warnte die anderen: »Passt auf, da vorne ist der Weg sehr matschig.«

Das Licht an Jens' Fahrrad begann zu flackern und erlosch plötzlich ganz. Er beugte sich über die Lenkstange, um die Lampe zu untersuchen. Sein Hinterrad rutschte seitlich weg, doch er konnte sich gerade noch fangen.

Nina versuchte auszuweichen. Dabei streifte sie Jens mit ihrem Lenker. Ihr Rad wackelte, sie verlor das Gleichgewicht und landete im Matsch. Der Igelkarton polterte auf die Erde. Zum Glück verhinderte das dicke Gummiband, dass er sich öffnete.

Die drei Jungen warfen erschrocken ihre Räder hin. »Ist dem Igel etwas passiert?«, rief Alexander.

Nina saß wimmernd am Boden und hielt sich den linken Arm. »Du hast Nerven!«, stieß sie zwischen den Zähnen hervor. »Nach mir fragst du nicht?«

124

Manuel und Jens wollten Nina auf die Beine helfen.
Doch sie schrie vor Schmerzen auf.

»Mensch! Du musst zum Arzt!«, rief Jens.

»Zuerst will ich heim. Ich bin total dreckig. Meine
Mutter kann mich zum Arzt fahren«, sagte Nina leise. »Es tut wirklich gemein weh.«

Die Jungen hoben ihre Fahrräder auf.

Alexander hatte sich überzeugt, dass dem Igel kein
Stachel gekrümmt worden war. Verlegen stand er
vor Nina. »Entschuldige! Sei nicht böse. Es tut mir
sehr Leid, dass du dir wehgetan hast.«

»Jaja, schon gut. Jetzt muss ich sehen, wie ich aufs
Fahrrad komme.«

Es war inzwischen ganz dunkel geworden.

»Nina, hier hast du meinen Schal. Wir machen daraus eine Schlinge für deinen Arm«, sagte Alexander. »Manuel, dreh mal dein Vorderrad, damit wir
Licht haben.«

Nachdem die Freunde dem verletzten Arm etwas
Halt gegeben hatten, setzte sich Nina auf ihren Sat-
tel. Doch den Jungen gefiel das nicht. »Sollen wir
nicht besser zu Fuß gehen?«, fragte Manuel.

Nina schüttelte den Kopf. »Ich will möglichst
schnell nach Hause kommen. Ist mit Kasimir alles
in Ordnung?«

»Ja, alles klar!«

Alexander fuhr neben Nina. Manuel übernahm wieder die Führung, Jens bildete mit seinem lichtlosen Rad den Schluss. Manuel meldete jede noch so kleine Unebenheit auf dem Weg. So kamen sie gut voran. Ab und zu stöhnte Nina verhalten, wenn sie den verletzten Arm in der Schlinge bewegte.

»Wir sind bald da«, tröstete Manuel.

Ohne weiteren Zwischenfall erreichten sie Mühlbach. Jens stellte Ninas Fahrrad hinter ihrem Haus ab und nahm den Igel-Karton unter den Arm.

Ninas Mutter hatte die vier kommen hören und öffnete die Tür. Überrascht sah sie die Kinder an, die schweigend vor ihr standen. »Nina, was ist los?«

»Och, ich bin mit dem Rad hingefallen. Wahrscheinlich habe ich mir den Arm verstaucht. Er tut ziemlich weh.«

Ihre Mutter machte ein besorgtes Gesicht. »Wir fahren sofort ins Krankenhaus.«

Nina verzog den Mund zu einem schiefen Lächeln. »Also tschüs, Jungs! Ihr hört von mir!«

Im Krankenhaus machte der Arzt eine Röntgenaufnahme und stellte fest, dass Ninas Unterarm gebrochen war.

126

Als er sie mit dem geschienten und eingegipsten Arm entließ, scherzte er: »Vom Schulbesuch kann ich dich leider nicht befreien. Aber auf dem Gips kannst du eine Menge Autogramme sammeln.«
Nina konnte schon wieder lachen. »Dann müssen Sie bitte zuerst unterschreiben.«

Weihnachtsvorbereitungen

Es waren nur noch wenige Tage bis zum Weihnachtsfest. Alexander und Fabian bastelten an den Weihnachtsgeschenken für ihre Eltern.
»Die Kastanien sind sooo hart. Ich kann keine Löcher reinbohren«, maulte Fabian.
»Sie haben schon zu lange gelegen«, sagte Alexander. »Hol mal einen Schaschlikspieß aus der Küche. Der hat eine scharfe Spitze. Ich helfe dir dann. Die Streichhölzer musst du aber selbst in die Kastanien stecken. Ich will an meinem Gutscheinheft weiterarbeiten, sonst schaffe ich es bis Heiligabend nicht und muss den Eltern einen Gutschein für Gutscheine schenken.«
Die Haustürklingel ertönte. Die Jungen hörten, dass ihre Mutter öffnete, und im nächsten Augenblick

stürmten Nina, Jens und Manuel ins Zimmer. Nina
tippte auf das Pappschild an der Tür:

Achtung!
Eintritt für Mutti und Papa
zurzeit verboten!

»Was habt ihr denn für Geheimnisse?«
»Na, weihnachtliche.« Fabian grinste.
»Und was bastelt ihr? Zeigt mal!« Nina beobach-
tete, wie Fabian aus Kastanien und halbierten
Streichhölzern Igel herstellte. Auf einen vierecki-
gen Kunststoffdeckel hatte er bunte Herbstblätter
geklebt. Darauf setzte er mit einem Klecks Kleb-
stoff die fertigen Igel. »Das ist schön«, lobte Nina.
»Soll ich dir einen Kastanienigel auf deinen Gips-
arm kleben?«, fragte Fabian verschmitzt.
»Das sähe sicher toll aus, wäre aber ziemlich un-
praktisch«, meinte Nina lachend.
Jens interessierte sich für Alexanders Geschenk.
»Was sind denn das für Gutscheine?«
Verlegen bedeckte Alexander die fertigen Blätter
mit seinem Arm. »Och, nichts Besonderes.«
Nun wurden auch Manuel und Nina aufmerksam.
»Komm, zeig mal! Stell dich nicht so an!«

Jens fischte einen Zettel hervor und las vor: »Gutschein! Einmal Garage kehren!«

Nina erwischte ein anderes Blatt: »Gutschein! Eine Woche lang Spülmaschine ausräumen!«

Die drei Freunde lachten, doch es war kein Spott dabei. »Mensch, Alex, das ist eine tolle Idee«, fand Manuel. »Das wäre auch was für mich.«

Alexander lächelte. »Ich bin ziemlich pleite, möchte aber meinen Eltern trotzdem etwas zu Weihnachten schenken. Ich habe mir Gutscheine für zehn Arbeiten ausgedacht. Die Blätter hefte ich zusammen und male noch ein Deckblatt dazu.«

»Na, dann können wir dich wohl in der nächsten Zeit abschreiben, weil du mit Arbeit überlastet bist«, neckte Jens.

»Quatsch! Das mache ich mit links.«

»Wir wollen etwas mit dir besprechen«, begann Nina zögernd.

Alexander schob den Stapel Papier weg und sah sie forschend an. »Was gibts?«

»Wir möchten eine kleine Weihnachtsfeier für Emina veranstalten und ihr etwas schenken. Was hältst du davon?«

»Das finde ich prima! Aber ob sie unser Weihnachten überhaupt kennt?«

»Ist doch egal«, fand Manuel.

»Und wie soll die Feier vor sich gehen?«

Manuel erklärte: »Am besten können wir das nachmittags hier bei dir machen. Hier fühlt sie sich nicht so fremd. Und wir könnten anschließend nach den Tieren sehen.«

»Gute Idee«, meinte Alexander, »meine Mutter hat bestimmt nichts dagegen.«

Sie begannen eifrig zu planen. Nina sah sich kritisch um. »Du müsstest allerdings in den sauren Apfel beißen und das Zimmer ordentlich aufräumen.«

»Ha, ha! Wie wäre es, wenn du das übernimmst? Dann hast du gleich eine gute Tat vollbracht.«

»Sehr witzig! Besonders mit meinem Gipsarm.«

Fabian rief: »Meine Sachen räum ich auf! Dann darf ich aber auch mitfeiern, oder?«

»Hoffentlich taucht Emina bald wieder einmal hier auf. Wir kennen uns in dem Wohnheim ja nicht aus und wissen nicht, wo sie wohnt«, sagte Nina.

Alexander konnte sie beruhigen: »Kein Problem! Ich habe sie heute nach der Schule zufällig getroffen und mit ihr verabredet, dass sie übermorgen herkommt.«

Die Kinder freuten sich. Das passte ja prima! Nina sah Jens prüfend von der Seite an und fragte leise:

»Bist du auch wirklich dafür? Sitzt du dann bei unserer Feier nicht wie ein Sauertopf dabei?«

Jens gab sich einen Ruck. »Alles klar! Ist doch ein netter Kumpel, die Emina.«

Über Ninas Gesicht flog ein Lächeln. Wenn das kein Fortschritt war!

Sie verteilten die Aufgaben, denn es war viel zu erledigen. »Meine Mutter will morgen Plätzchen backen. Davon spendiert sie uns bestimmt eine Schüssel voll«, sagte Nina.

Jens und Manuel erklärten sich bereit Tannenzweige zu organisieren. Damit würden sie das Zimmer schmücken.

»Ich kenne den Mann, der in Kleinkirchen die Weihnachtsbäume verkauft«, sagte Manuel. »Der schenkt uns sicher ein paar Zweige.«

Alexander wollte für Kerzen, Weihnachtsschmuck und Getränke sorgen.

So war an alles gedacht. Nun jedoch kam das Schwierigste: das Geschenk für Emina. Dass sie ihr etwas schenken wollten, stand fest. Aber was? Die Vorschläge flogen hin und her. »Einen Schal!« – »Och, öde!« – »Ein Spiel!« – »Neee!« – »Vielleicht ein Buch?« – »Kann sie doch nicht lesen.« »Einen Schinken!«, tönte Fabian dazwischen. Die

Großen lachten. Da rief Alexander: »Halt! Ich weiß was. Wir knipsen ein Foto von uns und schenken es ihr.« – »Au ja!« – »Natürlich muss Igel-Igel mit dabei sein.« – »Und das Kaninchen!«

Alexander kramte seinen Fotoapparat aus einer Schublade. »Es sind noch sieben Aufnahmen drauf«, stellte er fest. »Das reicht.« Er riss die Tür auf und rief: »Mama, kannst du mal kommen?«

»Ja, aber nicht jetzt sofort! In zehn Minuten habe ich Zeit.«

»Das passt. Los, wir holen Kasimir und Mathi.«

Kasimir schob gerade scheppernd sein leeres Futterschüsselchen unter das Zeitungspapier. Er hielt inne und blickte nach oben. Als er die Kinder sah, stellte er sich bettelnd auf die Hinterbeine.

»Es ist noch keine Futterzeit. Du kriegst erst abends was«, sagte Alexander streng.

Doch Manuel meinte: »Och, sei doch nicht so! Ein paar leckere Mehlwürmer als kleine Zwischenmahlzeit schaden nicht.«

Er nahm die Futterschüssel und ließ drei Mehlwürmer hineinfallen. Kasimir stürzte sich gierig darauf und verputzte sie schmatzend.

Nina blickte sich suchend um. »Wo steckt denn das Kaninchen?«

132

Fabian ging auf die Knie, rutschte durch den Raum und schaute in jede Ecke und Lücke. »Da bist du ja, Mathi!«, rief er und zog das Kaninchen am Nackenfell unter dem Regal hervor. Mathi ruderte unwillig mit den Hinterbeinen, als Fabian sie hochhob.

Mit den beiden Tieren gingen die Kinder wieder nach oben ins Zimmer. Als Frau Geling hereinkam, erklärte Alexander ihr, was sie planten.

»Nette Idee!«, meinte sie und gab Anweisungen, wie sich die Kinder hinsetzen oder hinstellen sollten. Es zeigte sich, dass Kasimir ein geduldiges Fotomodell war. Mathi allerdings nicht. Beim dritten Bild war es mit ihrer Ruhe vorbei. Wie ein Aal glitt sie blitzschnell aus Fabians Armen. Er stand gerade neben Nina, doch beide konnten den Hechtsprung des Kaninchens nicht verhindern. Die Kinder stoben auseinander. Mathi aber verschwand flink unter Alexanders Bett.

»Das wird bestimmt ein drolliges Foto«, sagte Frau Geling. »Ich habe gerade auf den Auslöser gedrückt, als das Kaninchen hinuntersprang und ihr ihm entsetzt hinterhergesehen habt.«

»Das reicht erst mal. Die letzten vier Fotos machen wir, wenn unsere Weihnachtsfeier steigt und Emina dabei ist«, meinte Alexander.

»Das ist doch Blödsinn«, sagte Nina, »du musst die Fotos ja entwickeln, damit wir für Emina ein Geschenk haben.«

»Ach ja!« Alexander tippte sich an die Stirn. »Daran habe ich nicht gedacht.«

So wurden auch die restlichen Fotos verknipst und es gelang sogar, die vorher ausgebüxte Mathilde mit Kasimir ins Bild zu bekommen.

Als Frau Geling ihrem Sohn die Kamera zurück-
gab, versprach sie: »Den Film für eure Weihnachtsfeier spendiere ich.«
Die Freunde beschlossen, Emina für Dienstag der
nächsten Woche einzuladen – drei Tage vor dem
Weihnachtsfest.

Ein gelungenes Fest

Alexander sah mit zufriedenen Blicken umher.
Obwohl ihm das Zimmer etwas fremd erschien,
wenn es so ordentlich war, sah es jetzt sehr hübsch
und festlich aus.
Mit vereinten Kräften hatten sie gestern Abend das
Zimmer geschmückt. Gebundene kleine Tannen-
sträuße baumelten an den Wänden. Für den Tisch
hatten Fabian und Nina aus Goldpapier Scheren-
schnitte gefertigt. Darauf stand nun ein kleiner,
krummer Adventskranz, mit rotem Band und vier
roten Kerzen verziert. Er war Manuels Werk, das er
stolz vorgezeigt hatte. Alexander und Jens mäkel-
ten spaßeshalber ein bisschen daran herum.
»Adventskränze sind doch eigentlich rund. Dieser
sieht aus wie ein Ei.«

»Und ziemlich krumm.«

»Reichlich dünn.«

Manuel fand das nicht witzig. »Ich haue ihn euch gleich um die Ohren.«

Ehe aus dem Spaß ein Streit entstand, stellte sich Nina auf Manuels Seite. »Ihr hättet ihn bestimmt nicht besser gemacht. Ihr seid ja nicht mal auf die Idee gekommen. Ich finde Manuels Adventskranz richtig schön.«

Jens und Alexander grinsten und Manuels Gesicht entspannte sich wieder.

Nach langem Bitten durften sie sogar einige Kerzen aufstellen. »Seid bloß vorsichtig, wenn ihr sie anzündet«, ermahnte Frau Geling die Kinder. Das wurde ihr hoch und heilig versprochen.

Alexander nahm jetzt das in Weihnachtspapier eingewickelte Geschenk für Emina und wog es nachdenklich in der Hand. Ob sie sich darüber freuen würde? Er holte aus seiner Schreibtischschublade die Fotos und betrachtete sie noch einmal.

Sie hatten sich für zwei Bilder entschieden und sie vergrößern lassen. Das eine war eine Gruppenaufnahme zusammen mit Kasimir und Mathilde. Die beiden blickten mit großen Augen in die Kamera. Perfekt! Jens' Haare waren zwar etwas strubbelig,

136

aber das störte nicht weiter. Manuel stand neben Nina und tat, als stütze er ihren Gipsarm. Beide strahlten übers ganze Gesicht. Er selbst sah recht passabel aus, fand Alexander, so mit Kasimir auf dem Arm. Vorne saß Fabian mit gekreuzten Beinen auf dem Boden, hatte Mathi an sich gedrückt und lachte mit seinen Zahnlücken.

Das zweite Foto, auf dem Igel und Kaninchen freundschaftlich nebeneinander hockten, war einfach fabelhaft. Vielleicht konnte man sich davon einmal ein Poster anfertigen lassen.

Doch jetzt hatte er Hunger. Hoffentlich erschien Nina bald mit den Keksen. Er sah auf seine Armbanduhr. Noch eine Stunde bis zum Beginn ihrer Weihnachtsfeier! Da musste er inzwischen ein paar von Mutters Plätzchen stibitzen.

Als hätte sie seine Gedanken gelesen, trat seine Mutter mit drei Körbchen voll Nüssen, Süßigkeiten und selbst gebackener Plätzchen ein.

»Mutti, du bist Spitze! Danke!« Und schon griff er nach den Süßigkeiten.

»He, Mampfebacke, lass deinen Freunden aber noch etwas übrig«, empfahl die Mutter im Hinausgehen.

Nina, Jens und Manuel kamen zehn Minuten vor

der verabredeten Zeit. Nun wurden alle Kerzen angezündet. Sie tauchten das Zimmer in ein warmes, festliches Licht.

Punkt drei Uhr klingelte es an der Haustür. Kurz darauf trat Fabian ein, gefolgt von Emina.

»Ooooh!« Emina blieb wie vom Donner gerührt in der Tür stehen.

Die Überraschung war gelungen, die anderen strahlten vor Freude. Emina fuhr sich gerührt mit dem Finger über die Nase und schniefte.

»Komm!«, forderte Nina sie auf und klopfte einladend mit der Hand auf den Platz neben sich.

»Es – ist – sehr – schön – Weihnachten«, sagte Emina leise.

»Wir haben ein Geschenk für dich«, platzte Alexander heraus, der seine Ungeduld nicht mehr zügeln konnte. Er holte das Päckchen.

Wie verabredet fassten alle vier das Geschenk an und überreichten es gemeinsam. Fabian drängelte sich dazwischen, und es gelang ihm, mit zwei Fingern das kleine Paket zu berühren.

Emina hielt fassungslos das Geschenk in Händen.

»Mach es auf!« – »Ja, pack es aus!« – »Schneide das Band doch durch!«, bedrängten die Jungen sie aufgeregt, als sie das Bändchen mühsam aufzukno-

ten versuchte. Alle sahen die Freude in Eminas Augen, als sie die Bilder betrachtete.

»Danke! Vielen Dank!«

Doch plötzlich fiel ein Schatten über ihr Gesicht. »Ich kein Geschenk für dich, dich, dich, dich, dich.« Sie zeigte auf jeden Einzelnen.

Die Freunde lachten und wiesen ihre Bedenken energisch zurück.

Alle ließen sich nun die Leckereien schmecken.

»Wo ist Igel-Igel?«, fragte Emina.

»Ach ja!« Nina und Alexander sprangen auf. »Die Tiere müssen mit uns feiern.«

Die ganze Bande drängte zur Tür. Alexander besann sich. »Ich puste lieber die Kerzen aus. Wir können sie nachher wieder anzünden.«

Weil es Zeit für einen Spaziergang war, erwartete Kasimir sie schon mit blanken Augen. Doch wo war Mathi? Die Kinder schauten in den Stall hinein. Nichts. Auch in ihren bekannten Schlupfwinkeln im Raum war sie nicht zu finden. Einmal hatte es Mathi sogar schon fertig gebracht, auf das dritte Brett im Regal zu springen. Doch sosehr sie auch Gegenstände verrückten und suchten, Mathi war wie vom Erdboden verschluckt. Die Kinder sahen sich ratlos an.

»Das gibt es doch nicht!« Manuel seufzte.

»Sie kann sich wohl nicht in Luft aufgelöst haben«, ergänzte Nina verwundert.

Kasimir kratzte unterdessen wütend an der Kartonwand. Warum holte ihn niemand heraus?

»Wir können versuchen Kasimir als Spürnase einzusetzen«, schlug Jens vor. »Der ist so neugierig. Vielleicht findet er seine Freundin.«

Gesagt, getan. Kasimir begann seine Wanderung an der Wand entlang. Ab und zu hob er seine Nase und nahm irgendeine Witterung auf. Als er an dem Sitzpolster ankam, begann er eifrig zu scharren. Das brachte aber nichts. Er kletterte hinauf und steckte seine Nase schnaufend zwischen Wand und Polster, wobei er vor Anstrengung abwechselnd das rechte und das linke Hinterbein hob. Das sah drollig aus.

Alexander zog das Polster ein Stück vor. »Dahinter steckt was.«

Die Kinder waren baff. »Ein Loch!« – »Eine richtige Höhle!« – »Da sitzt ja Mathilde!«

Und wirklich, das Kaninchen hatte die Füllung aus dem Polster herausgezupft und sich eine gemütliche Höhle geschaffen.

»Wann hat sie das gemacht?« Alexander wunderte sich. »Wir sind doch jeden Tag hier gewesen.«

140

Mit der »Spürnase« und der »Höhlenforscherin«
ging es wieder nach oben. Sie setzten die beiden auf
dem Boden ab. Die Kinder machten es sich gemütlich, aßen Süßes, tranken Limonade und sahen
vergnügt zu, wie die Tiere die unbekannte Umgebung erforschten.
Kasimir hatte gerade den Papierkorb entdeckt. Mit
seinen kräftigen Pfoten warf er das Ungetüm um.
Nina wollte schon aufspringen, um Ordnung zu
schaffen, doch Alexander hielt sie zurück. »Lass
ihn! Das räumen wir nachher auf.«
Gründlich untersuchte Kasimir nun den Inhalt des
Behälters. Hei, das war ein Spaß, das Papier zu zer-
reißen und wild herumzuwerfen! Den Blicken der
Kinder entzogen fuhrwerkte er in dieser Höhle herum. Da hörten sie ein lautes Schmatzen.
Alexander rutschte auf den Knie hinüber und sah,
wie ihr Igel genüsslich an einem blauen Wachsmal-
stift kaute. »Oh je, Freundchen! Das ist nicht gut für
dich!«, rief er und sammelte die durchgebissenen
Stückchen auf. Kasimir hatte sich aber bereits mit
dem interessanten Material bespeichelt. So hatte
ein Teil seiner Stacheln einen bläulichen Schimmer
bekommen.
Einige Zeit wühlte er noch geräuschvoll herum. Er

fand ein abgebissenes Apfelstück, das er sich sofort einverleibte.

Man merkte den beiden Tieren ihre begeisterte Neugierde auf den neuen Ort an. Mathi flitzte hin und her, sprang putzmunter auf Fabians Schoß und wieder hinunter. Sie verschwand hinter dem Schreibtisch, und in einer Gesprächspause hörte man ein nagendes Geräusch.

Alexander robbte auf den Schreibtisch zu und sah um die Ecke. »Verflixt noch mal! Jetzt hat Mathi ein Loch in meinen Rucksack genagt. Müssen diese beiden Chaoten denn an allem rumbeißen?«

»Friede auf Erden!«, versuchte Manuel ihn zu beruhigen und lachte. »Woher soll das Kaninchen denn wissen, dass es das nicht darf?«

Alexander vergaß seinen Ärger im Nu, denn plötzlich erhellte sich Eminas Gesicht.

»Ich auch ein Geschenk für meine Freunde. Ich singe ein Lied.«

Emina sang unbefangen mit schöner Stimme ein Lied aus ihrer Heimat. Es hatte mehrere Strophen, deren Worte die Kinder natürlich nicht verstanden. Die Melodie gefiel ihnen jedoch sehr gut. Sie klang ein bisschen wehmütig.

»Oh, toll!« – »War das schön!« – »Danke!«

142

Eine Weile war es still. Emina lächelte glücklich.
Dann sprang Alexander auf. »Wir müssen doch
noch Fotos von unserer Feier machen, mit Emina
drauf.«
Abwechselnd fotografierte immer einer die anderen. Zufällig spazierte Kasimir gerade an Emina

vorbei. Sie nahm ihn in die Hände, schaukelte ihn und summte dabei zärtlich. Das schien ihm sehr zu gefallen, wie sein zufriedenes Gesicht zeigte. Emina setzte ihn auf den Teppichboden, wo er zuerst einmal verdutzt hocken blieb. Dann entdeckte er ihr Hosenbein und versuchte zum Vergnügen der Kinder, ächzend in diese neue, interessante Höhle zu kriechen. Emina ließ ihn gutmütig gewähren.

Leider war das ein Fehler. Am Knie Eminas kam Kasimir plötzlich nicht mehr vorwärts und nicht mehr zurück. Zum Vorwärtskriechen war es im Hosenbein zu eng und beim Zurückgehen blieb er mit seinen Stacheln hängen. Emina quiekte, denn es kitzelte fürchterlich.

Alle sprangen auf und halfen Emina auf die Beine. Aus der Hose drang ein wütendes Fauchen.

»Hoffentlich beißt er dich nicht in seiner Verwirrung«, meinte Jens.

»Los, es hilft nichts. Emina muss kurz die Hose ausziehen.«

Behutsam half Nina dem Mädchen, die Hose herunterzuziehen.

Zuerst kam die glänzend schwarze Igelnase zum Vorschein, dann war der komplette Igel befreit. Er schüttelte sich, dass die Stacheln nur so rasselten.

Emina hatte die Luft angehalten, weil sie das Kratzen und Kitzeln auf ihrem Bein kaum mehr ertragen konnte. Jetzt platzte sie lachend heraus: »Igel-Igel ist sehr komisch und sehr bürstig.«

»Kratzig meinst du wohl.« Auch Nina kicherte.

Manuel und Alexander schlugen sich gegenseitig auf die Schultern. »Ein Igel in der Hose! Haha!«

Kasimir jedoch hielt schon wieder nach dem nächsten Abenteuer Ausschau.

Draußen wurde es nun rasch dunkel. Bedauernd kündigte Emina an, dass sie gehen müsse. Daraufhin beschlossen alle, sie heute bis zum Wohnheim zu begleiten.

»Es war sehr schön«, sagte sie langsam und suchte nach Worten. »Danke! Ich wünsche viel, viel schöne Weihnachten!«

So gingen sie durch den dunklen Abend, vorbei an den festlich geschmückten Häusern und leuchtenden Weihnachtsbäumen in den Vorgärten.

Eine traurige Nachricht

Das Frühjahr kam näher. Nina stellte beim Wiegen stirnrunzelnd fest, dass Kasimir in der letzten Zeit viel langsamer zunahm.

»Zeig mal das Heft«, sagte Manuel. »Aber das ist doch prima. Er hat regelmäßig zugenommen und wiegt jetzt siebenhundertdreißig Gramm. Toll!«

»Finde ich auch«, stimmte Alexander zu. »Er muss ja kein Fettkloß werden, aber ein Winzling ist er auch nicht mehr.«

An einem Nachmittag Anfang April ging Alexander mit dem Spaten in den Garten und begann in einer Ecke zu graben. Schon nach wenigen Spatenstichen fand er zwei Regenwürmer. Er legte sie in eine Blechbüchse und bedeckte sie mit Erde, um sie vor dem Austrocknen zu schützen. Aufmerksam untersuchte er auch den umliegenden Gartenboden. Doch eine Nacktschnecke war nicht zu sehen. Es schien dafür noch zu früh im Jahr zu sein.

Zufrieden ging er mit seiner Beute in den Keller. Mit Mutters Hilfe bekam der Igel zwar gutes Futter: Hühnerherzen, Quark, Hackfleisch und vieles mehr standen auf seinem Speiseplan und manchmal gab

es auch etwas Kalkpulver dazu. Doch bald musste sich Kasimir sein Futter selbst besorgen. Dann würde er sich hauptsächlich von Würmern, Schnecken, Käfern und Insekten ernähren und von allem, was für einen Igel in der Natur erreichbar und essbar war. Alexander hatte gelesen, dass Igel auch Schlangen, sogar Kreuzottern, fraßen, dass sie ihnen das Rückgrat durchbissen und sie komplett vertilgten. Sehr beeindruckt hatte ihn, dass ein Igel giftige Blausäure in einer Menge vertragen konnte, die mehrere Katzen in wenigen Minuten töten würde. Und das Gift, das Wundstarrkrampf auslöste, verkraftete er sogar in siebentausendmal höherer Dosis als ein Mensch!

Die Natur hatte die Igel wirklich prima gegen viele Gefahren ausgestattet, dachte Alexander. Aber gegen eines war ein Igel völlig machtlos: Wenn das Ungetüm Auto auf ihn zukam, mochte er sich noch so fest einrollen und seine spitzen Stacheln als Gegenwehr aufstellen, es half ihm nichts, er wurde überfahren und getötet. Deshalb mussten sie Kasimir, wenn die Zeit gekommen war, weit weg von gefährlichen Straßen in der Natur aussetzen. Glücklicherweise gab es rings um Mühlbach genug Felder, Wiesen und Waldgebiete.

Das Telefon klingelte. Fabian nahm den Hörer ab. Es war Emina, die Alexander sprechen wollte.

»Hallo, Emina! Was gibts?«

Ihre Stimme klang bedrückt. »Ich möchte euch alle treffen. Bei dir zu Hause?«

»Ja, klar! Ich werde die anderen zusammentrommeln. Geht es am Donnerstag? Wo bist du jetzt?«

»In Telefonzelle.«

»Sag mal, bist du krank?«

»Nein, nein!«

»Oder traurig? Du hörst dich so komisch an.«

Ein kaum hörbares »Ja« war die Antwort. Einen Moment blieb es still.

»Sollen wir zu dir kommen, jetzt gleich? Das heißt, wer jetzt Zeit hat?«

»Nein, nein!«, wehrte Emina hastig ab. »Ich will alle am Donnerstag bei dir treffen. Vier Uhr. Ja?«

»Okay! Das kriege ich hin.«

Nachdenklich legte Alexander den Hörer auf. Emina hatte ihn noch nie angerufen. Was war los?

Am Donnerstag saßen die vier Freunde in Alexanders Zimmer und warteten auf Emina. Draußen herrschte richtiges Aprilwetter. Regen und Sturm wechselten sich mit strahlendem Sonnenschein ab.

Es klingelte und Emina trat mit einem scheuen Lächeln ein. Ihr Anorak hatte dunkle Flecken vom Regen. Eine nasse Haarsträhne hing ihr aus der Kapuze auf die Stirn. Ihre Wangen glühten vom Laufen in der kalten Aprilluft.

»Nun, was ist los mit dir?«, drängte Nina.

Emina sah ihre Freunde an. Ihre dunklen Augen, die so fröhlich aufblitzen konnten, waren verhangen. Die vier warteten still.

»Wir werden verlegt!«, stieß Emina hervor.

»Ihr werdet verlegt?«, wiederholte Manuel.

»Ja, Familie und ich müssen in andere Stadt. Dann kann ich euch und Igel-Igel und Mathi nicht mehr sehen«, erklärte sie traurig.

»Oh, wie schade!«, rief Nina betrübt.

Auch die Gesichter der Jungen drückten Enttäuschung und Mitgefühl aus.

Alexander sagte: »Es war gerade alles so schön. Wann müsst ihr denn von hier weg?«

»Wenn Mai anfängt.«

»In welche Stadt kommt ihr?«, fragte Jens.

Emina zuckte die Schultern. »Ich weiß noch nicht.«

»So schön ist eure jetzige Unterkunft doch sicher nicht«, versuchte Alexander sie zu trösten. »Vielleicht habt ihr es woanders viel besser.«

»Aber da habe ich keine Freunde wie euch.«

Wieder war es still.

Dann sagte Nina mit aufgesetzter Munterkeit: »Bis dahin unternehmen wir aber noch ganz viel. Vielleicht ist der andere Ort gar nicht so weit entfernt und wir können uns gegenseitig besuchen. Wir können auch schreiben.«

Emina verstand alles und nickte.

»Wir müssen bald von noch jemandem Abschied nehmen«, platzte Alexander heraus.

»Ich weiß, der Jemand ist Kasimir«, murmelte Nina.

»Darüber brauchst du doch nicht traurig zu sein«, sagte Manuel. »Wir haben den Igel gerettet und über den Winter gebracht. Dass er wieder weg muss, wussten wir von vornherein.«

»Jaja, trotzdem.« Nina schniefte.

Emina machte große Augen. »Igel-Igel wird auch verlegt? Wie ich?«

Die trübe Stimmung löste sich in schallendes Gelächter auf. Nina legte den Arm um Emina. »Du bist Klasse! Irgendetwas rettest du immer, und wenn es nur die Stimmung ist.«

Alexander begann schon wieder Pläne zu machen. »Wir müssen uns vorher den Platz, an dem wir Kasimir aussetzen, genau aussuchen.«

»Am besten auf der anderen Seite der Erft am Waldrand«, meinte Manuel.

»Ja, genau«, fügte Jens hinzu, »dort, wo Emina ihn damals gefunden hat.«

Nina lächelte. »Bevor wir Kasimir wegbringen, male ich ihm einen grünen Farbklecks auf die hintersten Stacheln. Daran können wir ihn immer wieder erkennen, falls er uns mal begegnet.«

»Du hast vielleicht Einfälle!«, rief Alexander in das Lachen der anderen hinein.

»Das ist doch eine tolle Idee«, fand Jens.

Emina schüttelte den Kopf. »Nicht so schnell! Ich nicht alles verstehe.«

Nina fasste für sie noch einmal alles langsam zusammen und schloss kichernd: »Und du, Emina, bekommst zum Abschied einen kleinen grünen Farbklecks auf die Nasenspitze.«

»Hoho, du kennst mich sonst nicht mehr?«

Alle Kinder waren froh, die anfängliche Wehmut erst einmal vertrieben zu haben.

Doppelter Abschied

Der letzte Sonntag des Monats war da. Die fünf Kinder trafen sich vor Alexanders Haus. Ihre Räder ließen sie stehen. Sie wollten mit Kasimir zu Fuß zu der Stelle gehen, wo er ausgesetzt werden sollte. Kasimir hockte vertrauensvoll in einem großen Henkelkorb, den Alexander und Manuel zwischen sich trugen. Sein angelegtes Stachelkleid glänzte und er sah gesund und wohlgenährt aus. Mit seinen schwarzen Knopfaugen blickte er neugierig hin und her. Ab und zu knabberte er versuchsweise an dem Korbgeflecht oder richtete sich auf, um an einer der beiden Hände zu schnuppern und zu lecken. Doch die beiden Jungen schoben ihn immer wieder sanft ins Korbinnere zurück.

Auch die Blicke von Nina, Emina und Jens ruhten mit Stolz auf ihrem Schützling. Das letzte feierliche Wiegen hatte 920 Gramm ergeben. »Ist das nicht sagenhaft?«, sagte Nina. »Zuerst war er nur eine Hand voll und jetzt ist er ein stattlicher Igel.«

Emina nickte. »Ja, schöner, lieber Igel.«

Sie bogen vom Feldweg ab und kamen auf den Pfad am Waldrand. An einer sonnigen Stelle, an der Brombeerbüsche eine wilde Hecke bildeten, hielten

sie an. Dahinter war im Mischwald dichtes Unter-
holz zu sehen.

Alexander nahm Kasimir aus dem Korb und setzte
ihn behutsam auf den Boden. Die Kinder umringten
ihn. Gespannt warteten sie auf seine erste Reaktion.

Er schüttelte sein Stachelkleid und hob witternd die
lang gezogene, spitze Nase. Ein kurzes Schnüffeln
an Jens' rechtem Schuh, dann drehte er sich um und
lief eilig auf das nächste Gebüsch zu. Emina und
Nina winkten ihm hinterher.

Bevor Kasimir den wehmütigen Blicken seiner Be-
schützer entschwand, leuchtete an seinen hinteren
Stacheln der grüne Farbfleck in der Sonne auf, mit
dem Nina ihn bemalt hatte.

Manuel wischte sich scherzhaft eine nicht vorhan-
dene Träne aus dem Auge und klagte: »Nicht mal
umgedreht hat sich der undankbare Kerl! Hatte es ja
mächtig eilig wegzukommen.«

Sie lauschten noch einem leisen Rascheln hinterher, dann war es still. Aus ihrem Kasimir würde
wieder ein Wildtier werden.

Eminas Blick glitt über die Gesichter ihrer Freunde,
als wollte sie sich diese noch einmal besonders gut
einprägen. Immer wenn sie in den letzten Tagen der
Gedanke überfiel, dass sie bald wegziehen musste,
spürte sie einen dicken Kloß im Hals. Sie hatte
schon so oft Abschied nehmen müssen: von der
Großmutter, von der geliebten Mutter, von ihrer
albanischen Heimat, gerade eben von Kasimir und
nun noch von ihren neuen Freunden.

154

»Ist dir nicht gut, Emina?«, fragte Nina, die aufmerksam geworden war.

»Zweiter Mai wir fahren weg«, platzte Emina jetzt heraus.

»Das ist ja schon in vier Tagen«, stellte Alexander betroffen fest.

»So ein Mist«, schimpfte Manuel.

»Am ersten Mai ist Feiertag. Da veranstalten wir ein schönes Abschiedsfest für dich«, schlug Nina mit belegter Stimme vor.

Emina schüttelte betrübt den Kopf. »Wir dann alles einpacken müssen. Nächsten Tag wir fahren sehr früh weg mit kleinem Bus.«

Jens machte den Vorschlag, dann eben am letzten Apriltag eine Fete für Emina steigen zu lassen. Sie hatte auch ihn zum Freund gewonnen.

Der dreißigste April erschien im wunderschönen Maienkleid. Die Kinder schleppten einen Tisch und Stühle in den Garten. Drei Mütter hatten Getränke und selbst gebackenen Kuchen gestiftet. Nina schmückte mit Emina bunt und kunstvoll den Gartentisch. Als alles gerichtet war, führten Nina und Alexander Emina feierlich zu ihrem Ehrenplatz, der mit einer Girlande umkränzt war.

Manuel und Alexander liefen noch einmal weg.
Nach kurzer Zeit kamen sie mit einem großen Karton zurück und stellten ihn vor Emina ab.

Sie machte erstaunte Augen: Der Karton enthielt eine Menge praktischer Dinge, Spielsachen und auch ein paar neue, hübsche T-Shirts. Das alles hatten die Kinder bei ihren Eltern und Verwandten für Emina und ihre Familie gesammelt.

Dann kam die größte Überraschung. Nina drückte der Freundin ein kleines, schmales Päckchen in die Hand. »Los, mach es auf!«, drängte Nina.

Emina schaute in die grinsenden Gesichter der Jungen und löste langsam Papier und Geschenkband. Sie hielt den Atem an: eine wunderschöne bunte Armbanduhr.

»Für mich?«, fragte sie ungläubig.

»Ja, klar!«, schrien alle durcheinander.

»Zu teuer!«

»Nein, sie hat nicht viel gekostet«, entgegnete Nina, um sie zu beruhigen. »Nun musst du nicht immer andere Leute fragen, wenn du wissen willst, wie spät es ist.«

Emina schüttelte fassungslos den Kopf. »Ihr seid toll, toll, toll.«

Zum letzten Mal begleiteten sie Emina zum Wohnheim. Den Karton stellten sie vor die Eingangstür. Der Abschied fiel sehr hastig aus. Sie wollten ihn nicht in die Länge ziehen.

Nur Nina rief: »Emina, denk daran, uns sofort zu schreiben!«

Emina winkte ihren Freunden zu, drehte sich um, stieß die schwere Tür auf und rannte leise schluchzend davon.

Sie nahm sich fest vor, dass es kein Abschied für immer sein sollte.

157

Mandala, das weiße Känguru

Dannys Stofftier, das kleine weiße Känguru Mandala, ist etwas ganz Besonderes. In Vollmondnächten wird es so groß, dass Danny in den Känguru-beutel passt. Dann fliegen die beiden in ferne Länder, in Welten voller Rätsel und Mythen, und bestehen dort phan-tastische Abenteuer.

Marion Lammers: Mandala, das weiße Känguru

320 Seiten. Ab 8 Jahren.

Ensslin-Verlag, Harretstraße 6, D-72800 Eningen.

Kennst du das Gefühl?

Du möchtest, dass dich andere anerkennen und mögen? Du willst Spitze sein, ob in der Schule, beim Sport oder in der Clique? Ja?
Dann werden dir diese vier Sehn-Sucht-Geschichten eine Menge erzählen: Zum Beispiel über Lukas, das rauchende Wasserball-Ass. Oder Rike, die schubladenweise Süßigkeiten nascht. Zum Glück helfen ihnen gute Freunde!

**Iris Lemanczyk:
Ich bin doch
nicht blöd!**

160 Seiten. Ab 9 Jahren.
Ensslin-Verlag, Harretstraße 6, D-72800 Eningen.